Aux Éditions Alain Bargain

Dans la collection
ENQUÊTES ET SUSPENSE :

Firmin Le Bourhis
- La neige venait de l'Ouest (épuisé)
- Les Disparues de Quimperlé
- La Belle Scaëroise
- Étape à Plouay
- Lanterne rouge
  à Châteauneuf-du-Faou
- Coup de tabac à Morlaix
- Échec et tag à Clohars-Carnoët
- Peinture brûlante à Pontivy
- En Rade à Brest
- Drôle de chantier à Saint-Nazaire
- Poitiers, l'affaire du Parc
- Embrouilles briochines
- La Demoiselle du Guilvinec

Françoise Le Mer
- Colin-maillard à Ouessant
- La Lame du Tarot
- Le Faucheur du Menez-Hom
- L'Oiseau noir de Plogonnec
- Blues Bigouden à l'Île-Chevalier
- Les Santons de Granite rose
- Les Ombres de Morgat
- Le Mulon rouge de Guérande
- L'Ange de Groix
- Buffet froid à Pouldreuzic

Michèle Corfdir
- Le Crabe
- Mortel Hiver sur le Trieux
- Chasse à corps à Bréhat
- Larmes de fond ou le retour du crabe
- Vent contraire
  à Loguivy-de-la-Mer
- Herbes amères à Belle-Isle-en-Terre
- Il court, il court, le furet des Abers

Gisèle Guillo
- Dernier rendez-vous à Vannes
- Du Léman au Morbihan (épuisé)
- Tempête à Quiberon
- La Belle de Carnac
- Le Saigneur de Quimper
- Vol de pigeons à Arradon
- Cash-cash au Crouesty

Anne-Soizic Loirat
- Lorient l'interdite

Chaix d'Est-Ange
- La filière d'Arradon
- La petite dame de Locminé
- Ratissage dans le golfe
- L'Écluse de Malestroit
- Copie conforme à Larmor-Baden
- Les Truands de Saint-Goustan
- Coup de barre à Étel
- Vilaine affaire à La Roche-Bernard
- Perfusion à Quiberon

Anne-Solen Kerbrat-Personnic
- "Mi Amor" à Rochefort
- Jour maudit à l'Île-Tudy

Serge Le Gall
- La secte de l'Aven
- Sables mouvants à Bénodet
- La Douarneniste
  et le Commissaire
- Corps-mort à l'Île-de-Batz
- Traque noire à Audierne
- Fugue mortelle en RÉ
- Le moine rouge de Carantec
- La Sirène de Port Haliguen

Christophe Chaplais
- Pâté de Corbeau aux amandes amères
- Le calisson jusqu'à la lie
- Farz aux herbes du Portsall
- Addition salée au Croisic
- Salade russe aux noix de Grenoble
- Fourchette mortelle à Chinon

Patrick Bent
- Erquy profite le crime
- Le macchabée du Val-André
- Saint-Cast priez pour eux !
- Hécatombe à Saint-Malo

Jean-Pierre Farines
- Brume sur la Presqu'île

Bernard David-Cavaz
- Traboules

Aux Éditions Alain Bargain

Dans la collection
ENQUÊTES ET SUSPENSE :

Martine Le Pensec
- Onde de choc sur Fermanville
- Angoisse sur Penmarc'h
- Lumière noire sur la Penfeld
- Printemps funeste à Brest

Annie Le Coz
- Les Maudits de Kérogan
- Plumes sèches à Beg-Meil
- Quimper sonne les cloches
- "Caval" à Saint-Guénolé
- "Clap" de fin à Langolen

Simone Ansquer
- Téviec, le Secret
- Aux tours de La Rochelle

Lise Tiffanneau-Midy
- Sortie de route en Anjou
- Vengeance sur la Corniche Angevine

Solenn Colléter
- Lettres de sang sur la Côte Sauvage

Marie-Françoise Marchal
- Frissons en Morbihan *(épuisé)*

Stéphane Jaffrézic
- Chili-Concarneau
- Ville bleue et beaux dégâts
- Disparitions en Pays Fouesnantais

Jean-Pierre Bathany
- Camaret au Vitriol
- Double Je Nantais
- Été show à La Baule
- La Veuve Noire de Pornic

Alex Nicol
- Mystères en Finistère
- Ça bombarde chez les Bigoudens
- Mise en Bière à Sainte-Marine
- Le Tsar de Bénodet

Bernard Morin
- Trahison à Guerlédan

Jacques Caouder
- L'Occise des Landes
- L'Évadée de Brennilis
- Le Mort de Brest-Les Abers
- La Tromènie noire
- Rumeurs mortelles à St-Renan *(épuisé)*

Christophe Gontard
- Dernière danse en Trièves

Michel Courat
- Ça meurt sec à Locquirec

Jean-Jacques Gourvenec
- Chasse au congre à Lannilis
- Scénario macabre à Saint-Pabu
- Sortilèges au Conquet

Jean-Pierre Le Marc
- Matin rouge au Guilvinec
- Soirées noires à Penmarc'h
- Double vie à Loctudy *(épuisé)*
- Signes de sang à Lesconil

Cédric Labb
- Les Démons du Midi
- Les Muses de Savoie

Sylvain Pettinotti
- Manzini ou "L'art des choix"

Luc Calvez
- Le fils du Tigre
- Les Graffeurs du Ponant

Patrice Rousseau
- Le faussaire de Pont-l'Abbé *(épuisé)*

Jérôme Lucereau
- Anévrisme
- Chef-d'œuvre meurtrier à Lorient *(épuisé)*
- L'affaire Callac *(épuisé)*

René Le Clech
- Baston chez les voileux

Jean-Luc Le Pache
- Bréhat-culpa *(épuisé)*

Philippe Lepeuple
- Samba ni loi en pays nantais
- Poulets de Brest *La mauvaise farce* *(épuisé)*

Bruno Ségalotti
- Filouteries en Côtes-d'Armor *(épuisé)*
- La Phalange de l'Argoat
- Breizh Connection *(épuisé)*

Yves Horeau
- Une retraite pas très spirituelle *(épuisé)*

Lanterne rouge à Châteauneuf-du-Faou

Aux Éditions Alain Bargain
Dans la collection ENQUÊTES ET SUSPENSE :

Michel Renouard
- La Java des voyous
- Les castrats de Bombay
- Requiem sur le campus
- Le bouillon de minuit
- La farine du Diable *(épuisé)*
- La Vénus de Malifeu

Jean-Christophe Pinpin
- Qui voit Groix voit sa croix
- Qui voit Sein voit sa fin *(épuisé)*
- Qui voit Ouessant voit son sang
- Qui voit Belle-Ile voit son île *(épuisé)*
- Qui voit Molène voit sa peine
- Toulouse au bout du siècle
- Traque à Hoëdic *(épuisé)*

Aux Éditions Alain Bargain
Dans la collection POL'ART :

Serge Le Gall
- Sombre dessein à Pont-Aven
- Meurtres du côté de chez Proust
- Eaux-fortes à Sainte-Marine
- Ciel rouge au Pouldu

Loïc Gourvennec
- Le râle du basson

Yves Horeau
- Monsieur Butterfly

Renée Bonneau
- Nature morte à Giverny *(épuisé)*
- Séquence fatale à Dinard *(épuisé)*
- Sanguine sur la Butte

Stéphane Jaffrézic
- Toiles de fond à Concarneau
- Le Rubis de Châteauneuf-du-Faou

Cet ouvrage de pure fiction n'a d'autre ambition que de distraire le lecteur. Les événements relatés ainsi que les propos, les sentiments et les comportements des divers protagonistes n'ont aucun lien, ni de près ni de loin, avec la réalité et ont été imaginés de toutes pièces pour les besoins de l'intrigue. Toute ressemblance avec des personnes ou des situations existant ou ayant existé serait pure coïncidence.

La loi du 11 mars 1957 n'autorisant, aux termes des alinéas 2 et 3 de l'Article 41, d'une part, que les *copies ou reproductions strictement réservées à l'usage privé du copiste et non destinées à une utilisation collective*, et, d'autre part, que les analyses et les courtes citations dans un but d'exemple et d'illustration, *toute représentation ou reproduction intégrale ou partielle, faite sans le consentement de l'auteur et de l'éditeur ou de leurs ayants droit ou ayants cause, est illicite* (alinéa 1ᵉʳ de l'Article 40).
Cette représentation ou reproduction, par quelque procédé que ce soit, constituerait donc une contrefaçon sanctionnée par les Articles 425 et suivants du Code Pénal.   2008 - © Quadri Signe - Editions Alain Bargain

Firmin LE BOURHIS

Lanterne rouge à Châteauneuf-du-Faou

Collection

Quadri Signe - Éditions Alain Bargain
125, Vieille Route de Rosporden - 29000 Quimper
E-mail : editions.alain.bargain@wanadoo.fr
Site Internet : http://pagesperso-orange.fr/editions.bargain

Ha droug ha mad
A denn d'he had
Le mal ou le bien
De sa semence vient
(Proverbe breton).

Imagine toutes les personnes
Vivant pour le temps présent
Imagine qu'il n'y ait pas de pays
Ce n'est pas difficile à faire
Personne à tuer, personne pour qui mourir
Et pas de religion non plus
Imagine toutes les personnes
Vivant leur vie dans la paix.
John Lennon.

REMERCIEMENTS

- À Pierrette et Pascal pour les renseignements professionnels de police judiciaire, indispensables à la crédibilité de cet ouvrage. Merci également à tous ceux qui ont apporté, de différentes manières, leur pierre à l'édifice : Paulette, Nathalie, Gwénaëlle, Patrick B…, Delphine P…, Armel Guilchet, Jean Gestin, les offices de tourisme de Châteauneuf-du-Faou et de Carhaix et tous les autres…
Sans oublier Phil(ippe) Bozzi et, bien sûr, Seb Godard dans le rôle de Yann Le Godarec, le patron, qui existent réellement !

I

Lundi 28 juillet.

L'homme entra discrètement dans le commissariat de police de Quimper, sans se faire remarquer. Il affichait un visage inquiet et tenait à la main, un grand sac en plastique d'une grande surface bien connue en Bretagne dont la création avait fait grand bruit dans Landerneau dans les années soixante. Ce personnage avait l'allure d'un pêcheur. Avait-il fait une prise exceptionnelle ? Dans ce cas, ce n'était pas au commissariat qu'il devait se rendre mais plutôt chez le correspondant local de la presse quotidienne…

À l'accueil, le personnel s'affairait, de nombreuses personnes attendaient leur tour. Après palabres, un gardien se décida à accompagner le visiteur à l'étage, au bureau des officiers. Le lieutenant Phil Bozzi libérait à cet instant précis une personne qui venait de déposer plainte. Il fit aussitôt entrer le pêcheur.

— Le gardien de la paix vient de me dire que vous souhaitiez rencontrer un officier de police pour lui faire part d'une découverte, est-ce bien ce que vous voulez ?

— Oui, effectivement…

— Alors, de quoi s'agit-il ?

— Voilà, j'étais à la pêche, comme d'habitude, c'est-à-dire le dimanche après-midi. Pour une fois, j'étais seul, sans ma femme. Je ne me trouvais pas très loin de l'écluse du Gwaker, sur le Canal de Nantes à Brest. Est-ce que vous situez ?

— Non, pas vraiment… Mon collègue, le capitaine François Le Duigou, fin pêcheur, doit sûrement connaître. Mais, si vous en veniez au fait…

— Je pêchais tranquillement quand j'ai aperçu un vêtement qui flottait, j'ai cru sur le coup que c'était peut-être un noyé, car je n'en voyais qu'une petite partie. J'ai essayé de l'accrocher avec ma ligne à plusieurs reprises… Rien à faire ! J'ai posé ma canne à pêche et j'ai suivi un moment le cours du canal. J'ai enfin réussi, avec une longue branche, à dévier doucement ce qui flottait et à l'attirer vers la berge.

L'homme au départ, timide, assis sur le bout de la chaise, prenait progressivement de l'assurance et, gestes à l'appui, mimait son opération, fier d'entretenir le suspense face à l'officier de police. Le lieutenant Phil Bozzi commençait à s'impatienter, n'ayant que faire de sa partie de pêche.

— Et alors, qu'avez-vous découvert ?

— Ce n'était qu'une veste, comme celle utilisée par les pêcheurs qui participent à des concours… vraiment d'une belle qualité ! Je suis rentré à la maison. Mais, en discutant avec ma femme, hier soir puis ce matin, finalement, elle m'a dit qu'il valait mieux venir à la police. J'habite à quelques centaines de mètres du commissariat, alors je suis venu…

— Vous avez bien fait. Mais vous ne vous êtes pas pressé tout de même ! Si celui qui portait ce vêtement était tombé à l'eau, il ne fallait pas qu'il attende votre secours !

L'homme resta insensible à la remarque et sortit sa "prise". Il posa la veste encore mouillée sur le bureau. En la dépliant, il évoqua déjà des hypothèses.

— Cette veste est peut-être, tout simplement, tombée d'un bateau. Vous savez, avec le développement du tourisme fluvial, les vedettes et les bateaux loués ne cessent de passer. Alors, sur le nombre de passagers… Mais c'est peut-être aussi, une personne tombée à l'eau… Comme il y a des papiers dedans, il valait mieux vous le signaler. Vous pourrez vérifier si le propriétaire l'a perdue ou s'il a disparu…

— Bien sûr, mais n'allez pas si vite en besogne ! Des objets perdus, nous en avons tous les jours ! Voyons… De qui s'agit-il ? Le permis de conduire est plastifié, il n'a donc pas souffert de son séjour dans l'eau. On ne peut pas en dire autant de la carte grise ni de la carte verte ni de ce qui devait être le contrôle technique. Ah, voici quelques cartes de visite collées entre elles… Je ne remarque pas d'argent. En aviez-vous vu ?

— Heu… non. Non, je n'ai aperçu que ce que vous avez entre les mains.

— Bien, ceci appartiendrait à un certain Jean-Baptiste Castellin. Ce nom vous dit-il quelque chose ?

— Non, je ne l'ai jamais entendu.

— Il habite sur la commune de Saint-Goazec. D'après l'adresse, voyez-vous où ça se trouve ?

L'homme s'approcha du bureau pour lire la carte de visite.

— Montrez-moi… Ah oui, je vois ! Ce lieu-dit est situé entre Châteauneuf-du-Faou et Saint-Goazec, sur les hauteurs. Il y a un beau point de vue sur le canal d'ailleurs de ce côté-là. C'est sur la rive gauche.

— Très bien, nous allons vérifier si ce monsieur se trouve chez lui. Mais avant, je vais enregistrer votre identité.

L'homme se sentit enfin valorisé, l'officier de police prenait son affaire au sérieux. Finalement, son épouse avait eu raison. Peut-être était-il à l'origine d'une grosse affaire…

À la réflexion, la découverte de ce vêtement pouvait cacher bien des choses, se disait-il. Il laissait son esprit vagabonder dans des directions les plus insolites. Le lieutenant Phil Bozzi, quant à lui, rédigeait son procès-verbal consciencieusement.

Phil remercia l'homme et l'assura de le tenir informé, en précisant cependant qu'il ne s'agissait sans doute que d'une banale chute de vêtement de l'un de ces nombreux bateaux en circulation sur le canal.

Assis à son bureau, il se demandait si c'était vraiment son rôle d'en chercher le propriétaire. Après une courte réflexion, à tout hasard, il rechercha dans l'annuaire téléphonique. Il y figurait bien. Il appela. Après plusieurs sonneries, la voix claire et gaillarde d'un homme se déclencha sur un répondeur invitant à laisser un message. Phil se contenta de se présenter et de décliner ses coordonnées. Ceci le rassura. Puis il reprit le cours de son travail.

II

Mardi 29 juillet.

En reprenant son service le lendemain matin, Phil fut interpellé par son ami, le capitaine François Le Duigou posté devant la machine à café.

— Phil, puis-je t'offrir un café ?

— Bien volontiers, merci !

Un gobelet de café à la main, ils se dirigèrent vers le bureau en échangeant quelques banalités. En entrant dans le bureau, François aperçut la veste. Il émit un sifflement admiratif et questionna son collègue sur la présence de ce vêtement, précisant qu'elle ferait bien son affaire pour aller à la pêche. Phil expliqua en quelques mots ce qui s'était passé la veille.

— Comme nous devons nous rendre à Brest ce matin, faisons un petit détour, juste question de vérifier en passant et puis, tu verras, tu ne regretteras pas, le coin est super sympa.

Dans l'heure qui suivit, le micro-portable chargé dans la voiture avec le matériel nécessaire à leur enquête brestoise, la voiture de service quittait la voie express à la hauteur de Briec en direction de

Châteauneuf-du-Faou. Ils passèrent devant la gendarmerie en entrant dans la ville, mais se dirent qu'il était prématuré de contacter les collègues pour l'instant. Ils descendirent vers le centre-ville. L'église paroissiale présentait un énorme chantier, en raison de la rénovation de l'extérieur. En ralentissant devant, François Le Duigou en profita pour signaler que l'édifice bénéficiait dans son baptistère de quatre grandes scènes de la vie religieuse de Paul Sérusier.

— Le peintre de l'école de Pont-Aven ? s'enquit aussitôt Phil Bozzi.

— Parce que tu t'y connais en peinture ?

— Année du centenaire de la mort de Gauguin oblige !

— C'est vrai qu'on en parle sans arrêt cette année. Sérusier, parisien d'origine a découvert cette ville en 1893 et elle l'a séduit. Il y a même fait bâtir sa maison en 1907. Il est décédé brutalement en 1927. Sérusier a, en fait, assuré la liaison entre les idées de Gauguin et le groupe des nabis – ce qui signifie prophète en hébreu – dont il fut le fondateur.

En sortant de la ville, la voiture laissait à présent sur sa droite la chapelle Notre-Dame-des-Portes avec sa flèche néo-gothique toute en finesse et élégance. Après une succession de virages, un magnifique panorama s'offrit à eux, surplombant la vallée de l'Aulne et le canal de Nantes à Brest.

— Je ne suis jamais venu par ici, mais j'avoue que les lieux sont idylliques !

— N'est-ce pas ? En dehors de la beauté du site, quels bons coins de pêche sur le canal que ce soit en amont ou en aval d'ici ! Dans le virage, juste avant de s'engager sur le pont, il est possible de tourner sur la gauche pour remonter le canal par le chemin de halage goudronné. J'y viens assez souvent. Sur la droite, le site de Penn-ar-pont, mini-port fluvial ou plutôt petite base de plaisance, aujourd'hui essentiellement animée en saison par une société de location de vedettes sans permis et de différents engins flottants. Nous allons continuer pour monter en face vers le Château de Trévarez.

— Est-ce le château rouge que nous apercevons sur le versant opposé, là-bas ?

— Oui. Superbe édifice, n'est-ce pas ? Je vais ralentir en montant, tu pourras ainsi mieux le découvrir et profiter de la vue un peu plus loin. C'est une véritable folie architecturale de style néo-gothique en briques et granite de Kersanton. Son opulence témoigne de la fortune de son initiateur de l'époque. Il a été édifié de 1894 à 1906 et bénéficiait d'un mobilier abondant et très à la mode, d'eau courante, d'électricité, d'un chauffage à air pulsé et même d'ascenseurs, luxe incommensurable à cette époque, au cœur du centre-Finistère ! Et je ne te parle pas des nombreuses dépendances et des monumentales écuries, sans compter le magnifique parc, bel ensemble botanique, œuvre d'architectes-paysagistes parisiens. Tu as de la chance de le voir ainsi aujourd'hui, car les bombardements de 1944 avaient détruit la toiture. En 1985, des travaux de restauration ont été entrepris et le revoilà flambant neuf à nouveau !

— En effet, il me paraît extraordinaire. On ne s'attend pas à trouver ce genre de château par ici.

— Voilà, nous allons tourner à gauche devant une des entrées pour prendre la direction de Saint-Goazec. Nous ne devons pas être très loin de chez ton homme.

La voiture se gara devant une superbe maison d'architecture classique des années soixante-dix : une construction sur sous-sol avec porte d'entrée de garage face au portail, ravalement blanc, toit en ardoises naturelles et encadrement des ouvertures en granit du pays… Les volets étaient ouverts. Ils sonnèrent au portail. Pas de réponse. Par précaution, ils décidèrent de se rendre à la porte d'entrée de la maison. Nouvelle sonnerie sans réponse. Ils tentèrent d'ouvrir la porte, elle était fermée à clef. Du portable, ils appelèrent la maison et entendirent clairement la sonnerie, puis le répondeur se déclencher. Ils ne laissèrent pas de message.

Avant de rejoindre leur voiture, ils décidèrent de faire le tour de la maison. Devant celle-ci, s'étendait une belle pelouse remarquablement entretenue, encore verte malgré la sécheresse, plantée de quelques arbres. Derrière, une bande de gazon et quelques arbres fruitiers se partageaient l'espace avec sur la droite, une belle partie réservée au potager. Dans celle-ci, une rangée de plants de tomates agrippés à leur tuteur, à côté, une planche de salades puis un espace où des pommes de terre, vraisemblablement, venaient d'être arrachées car les fanes flétrissaient en tas dans un petit enclos en bois réservé au compost. La terre avait été manifestement remuée ces jours derniers. Le terrain était clos d'une haie de cyprès, haute de deux mètres environ, parfaitement taillée, véritable mur naturel de verdure ne permettant aucune vue sur le voisinage. François prétendit que ce lieu devait être entretenu par un homme, il n'y ressentait pas de présence féminine en raison de l'absence de fleurs et de ces détails que, seules, les femmes savent distiller dans un tel espace.

Phil s'agaçait avec cette affaire, il n'y avait sans doute pas lieu de s'inquiéter, mais voilà qu'il ne cessait d'y penser. Par précaution, avant de quitter les lieux, ils se rendirent chez le voisin le plus proche, distant d'une petite centaine de mètres. Les multiples aboiements de chiens laissaient penser qu'il devait y avoir de la vie. Un homme d'une soixantaine d'années, une cigarette papier maïs collée au coin des lèvres, sortit de la maison quand les officiers de police descendirent de leur voiture.

— Nous cherchons à rencontrer monsieur Jean-Baptiste Castellin, est-ce bien votre voisin ?

— C'est ce qui est écrit sur sa sonnette !

— Savez-vous s'il est là ?

— Aucune idée et je m'en fiche pas mal.

— Ah ? fit simplement Phil, étonné par la réponse abrupte de cet homme si peu loquace et peu enclin à parler de son voisin.

— Un homme qui n'aime pas les bêtes n'aime pas les hommes, grommela l'individu.

— Quand l'avez-vous vu pour la dernière fois ? relança Phil, ignorant volontairement le commentaire précédent.

— Je crois bien que c'était dimanche matin… J'ai aperçu de loin sa voiture s'en aller, c'est tout ! Pour le reste, on ne se cause pas ! Ici le Castellin, on ne l'aime pas beaucoup…

— Quand vous dites « on », vous pensez à qui ?

— Çà… Il se contenta de hausser les épaules, énigmatique.

— Selon vous, où pouvait-il se rendre ?

— À son bateau, évidemment ! Au port de Penn-ar-Pont, à Châteauneuf !

— Quel type de véhicule possède-t-il ?

— Un Espace, dans lequel il fourre tout à l'arrière, en vrac… Si vous allez au port, vous le verrez bien, devant le quai ! L'homme estimait avoir assez parlé et amorça un demi-tour en lançant : bon, mais ce n'est pas tout, je dois m'occuper de mes chiens maintenant.

— Vous en avez une sacrée équipe !

— Une meute, Monsieur ! Une meute ! Et sans doute la plus belle de la région ! rectifia l'homme avant de disparaître dans sa demeure.

— Drôle de bonhomme ! se contenta de commenter Phil en remontant dans sa voiture.

Ils reprirent alors la direction du petit port de Châteauneuf que François connaissait bien. En arrivant, ils remarquèrent aussitôt l'Espace garé à proximité du quai.

Des gréements de toutes sortes ainsi que du matériel de pêche encombraient l'arrière du véhicule. François prit le commandement des opérations.

— Allez, viens… prenons un café au bistrot, là-bas… C'est un endroit où nous pouvons obtenir plus de renseignements que dans n'importe quelle capitainerie, d'autant qu'il n'y en a pas à Châteauneuf-du-Faou ! Ici, c'est très sympa, tout est à la bonne franquette.

"Chez Odile, le bar du Quai" offrait en effet un accueil convivial. Phil s'aperçut aussitôt que François devait fréquenter assidûment les lieux lors de ses sorties de pêche, car la serveuse s'exclama :

— Mais dites donc, François, vous avez une drôle de tenue pour la pêche aujourd'hui !

— La pêche, ce sera pour une autre fois ! Dites-moi Odile, connaissez-vous monsieur Castellin ?

— Jean-Baptiste ? Bien sûr !

— Quand l'avez-vous vu pour la dernière fois ?

— Je crois bien que c'était dimanche matin, même qu'il n'est pas venu prendre son petit caoua comme d'habitude avant de partir…

— Et depuis ?

— Rien, ma foi ! Mais je vais demander à Dédé, car je ne suis pas toujours là. Dédé, as-tu vu Jean-Baptiste depuis dimanche ?

Le Dédé en question quitta l'arrière de son comptoir, s'essuya les mains, jeta négligemment sur l'épaule la serviette qu'il utilisait et vint saluer François.

— Non, je ne l'ai pas vu depuis dimanche matin et, d'ailleurs, j'ai été étonné, car je pensais qu'il allait venir quand je l'ai aperçu garer sa voiture, pas tout à fait à l'endroit habituel, pour être plus près du bateau sans doute. Je lui avais même préparé son café, sûr de sa visite… Et là, en quelques minutes à peine, je l'ai vu s'éloigner sur son bateau pour remonter le canal. Peut-être était-il pressé ? Mais c'est bien la première fois qu'il ne passe pas. Êtes-vous allé voir chez lui ?

— Oui, nous en venons. Rien ! Les volets sont ouverts, mais personne. Est-il marié ?

— Divorcé depuis quelques années. Il réfléchit quelques secondes et précisa : c'est simple, depuis l'année où il s'est retiré ici, pour de bon, en retraite !

— Pêche-t-il beaucoup avec son bateau ?

— Oh, pas tant que ça. Il aime avant tout se balader sur le canal. À mon avis, il remontait plutôt pour aller rejoindre sa copine. Elle habite du côté de l'écluse de Lanmeur, une maison un peu à l'écart du canal de Nantes à Brest !

— Connaissez-vous son amie ?

— Pas vraiment. Cette femme nous ne l'avons pratiquement jamais vue. Elle vient plutôt de la ville, vous voyez ce que je veux dire ? Habillée dernière mode, maquillée… Elle fréquente surtout Carhaix ou les plus grandes villes !

Le sourire qui accompagnait ses paroles en disait long, pensèrent au même moment Phil et François. Ils en profitèrent pour demander plus de renseignements sur l'homme et la fameuse copine, une certaine Marie-Jo Le Gall. Déjà, la serveuse laissait à son tour entendre que, si la femme de monsieur Castellin était partie, c'était peut-être, à l'époque, à cause de la copine justement ! Les nombreuses « rumeurs ou informations locales » déversées, Dédé et son épouse s'accordèrent à dire, en guise de conclusion, que monsieur Castellin n'avait pas pour habitude de ne pas passer les voir. Ils précisaient également qu'ils ne se souvenaient pas de ne pas le voir rentrer chez lui, pendant plusieurs jours, surtout en laissant sa voiture au port ! Aussitôt, les questions fusèrent. Que lui était-il arrivé ? Pourquoi le recherchaient-ils ? Que s'était-il passé depuis dimanche matin ? François prit le contre-pied immédiatement pour stopper les questions et la rumeur qui ne manquerait pas de se développer après leur départ, s'il ne limitait pas la portée de leur visite immédiatement.

— Il ne se passe rien de particulier, je voulais juste le rencontrer au sujet de son bateau. Mais rien ne presse, je le verrai une autre fois.

Ils payèrent leurs consommations en emportant l'adresse de la fameuse copine, quittèrent le bar, laissant le tenancier et sa femme sur leur faim et dans le doute. Phil et François se trouvèrent bien embarrassés en remontant dans leur voiture. Ils devaient se rendre à Brest pour traiter leur affaire en cours mais, dès leur retour, ils verraient aussitôt leur patron, Yann Le Godarec, pour lui faire part du cas Jean-Baptiste Castellin. Peut-être n'y avait-il pas lieu de s'alarmer. La copine s'était sans doute montrée plus attachante que d'habitude, tout simplement ! Tout de même, ceci les gênait et les intriguait sérieusement à présent, tous les deux…

Au retour de Brest, ils firent à nouveau le détour par le port de Châteauneuf, le véhicule n'avait pas bougé, arrêt devant la maison d'habitation, sonnerie, toujours pas de réponse. Ils appelèrent leur patron, Yann Le Godarec. Il les invita à se rendre chez la fameuse copine, madame Le Gall, afin de vérifier si monsieur Castellin ne s'y trouvait pas. Il était préférable d'en avoir le cœur net, avant de revenir au bureau.

III

Ils empruntèrent la Nationale 787 en direction de Carhaix pour la quitter au lieu indiqué par Dédé et Odile, les bistrotiers du quai, afin de se diriger vers le domicile de la bonne dame Le Gall.

Une coquette maison, nichée dans un écrin de verdure, dont la façade recouverte de pots de fleurs offrait un spectacle multicolore. Les géraniums-de-lierres, blancs, rouges, violets se mélangeaient avec bonheur. Les rosiers grimpants se confondaient avec la glycine. À l'inverse de la maison de Jean-Baptiste Castellin où l'austérité et les lignes géométriques dominaient, ici, tout n'était que couleurs et fleurs de toutes sortes. Pas le moindre brin d'herbe sauvage, pas de fleurs fanées, chaque plant faisait l'objet d'une attention toute particulière et d'un soin méticuleux. Une voiture était garée devant la porte du garage accolé à la partie droite de la maison. Sur la gauche, le jardin devait être dissimulé derrière des touffes d'hortensias aux énormes fleurs bleues ou roses pour certaines, violacées pour d'autres, avec derrière, un grillage couvert de passiflores. Sur la droite, après le garage, un coin de pelouse parfaitement verte malgré la sécheresse, impeccablement coupée, laissait jaillir en son sein, une superbe touffe d'agapanthes bleues qui rivalisait avec son voisin, le jasmin étoilé. Après avoir vérifié le nom sur la sonnette, ils firent sonner le carillon, déclenchant aussitôt les jappements d'un chien. Une femme, la cinquantaine, apparut à la fenêtre.

— Sommes-nous chez madame Le Gall ?

— Oui, c'est bien ici ! Que voulez-vous ?

— Je suis le capitaine François Le Duigou et voici le lieutenant Phil Bozzi. Pouvez-vous nous accorder quelques instants, Madame ?

— Bien entendu, j'arrive.

La femme disparut derrière la fenêtre qu'elle venait de fermer pour se présenter à la porte. De taille moyenne, les cheveux teintés en blond, bien coiffée, légèrement maquillée, elle vint à leur rencontre en tenant dans les bras un jeune caniche blanc. Elle se dirigea d'un pas décidé vers le petit portail où attendaient les deux officiers. Phil pensa aussitôt à la description faite par Odile et Dédé, il devait bien s'agir d'une citadine, en effet. Des bijoux étincelaient à ses mains. Sa tenue légère, bien coupée, portait quelques signes distinctifs d'une marque de renom.

— Oui, Messieurs, que puis-je faire pour vous ? demanda-t-elle, un peu hautaine avant d'ouvrir le portillon.

— Connaissez-vous monsieur Jean-Baptiste Castellin ?

— Oui, parfaitement, c'est un ami.

— Quand l'avez-vous vu pour la dernière fois ?

— Jean-Bat ? Heu… je veux dire monsieur Castellin, disons une semaine à peine, c'était mercredi dernier.

— Pouvez-vous nous le préciser, s'il vous plaît ?

— C'est simple ; il est venu ici le samedi, nous étions le 19 juillet.

— En voiture ou en bateau ?

— En voiture. Nous avons même laissé la voiture dans la cour pour nous rendre au festival des Vieilles Charrues qui se déroulait du 18 au 20 juillet. Fort heureusement, les organisateurs ont pu s'arranger avec les intermittents du spectacle qui étaient en grève un peu partout. Tout s'est bien passé ! Comme quoi, une négociation intelligente peut tout de même tout arranger…

— Dans ce cas, comment vous y êtes-vous rendus ?

— En taxi. Mon amie Muriel tient un taxi à Carhaix, nous sommes bien plus tranquilles ainsi, lors de ces grandes fêtes. Je voulais tellement voir Enrico Macias et Renaud !

— Quand vous a-t-il quittée ?

— Le lundi dans la journée. Puis il est revenu en bateau mercredi. Nous avons pique-niqué au bord du canal et trempé ensuite un peu la ligne. Puis, il est rentré dans la soirée. Mais pourquoi toutes ces questions ? Que se passe-t-il ?

— Quand deviez-vous le revoir ?

— Justement, je m'inquiétais, car il devait revenir dimanche si les choses se passaient bien avec son ex-épouse, le samedi… Un problème de maison à vendre, je crois. Je n'ai pas osé appeler dimanche. Lundi, j'ai pris mon téléphone, mais, pas de réponse ! Je me suis dit qu'il avait peut-être dû aller avec elle lundi voir le notaire ou je ne sais qui… et, aujourd'hui, toujours rien. J'envisageais justement de prendre ma voiture pour me rendre chez lui, ce que je ne fais qu'exceptionnellement. Vraiment, je suis étonnée qu'il ne me donne aucune nouvelle ! Ce ne sont pas ses habitudes de rester deux ou trois jours sans appeler, vraiment pas son genre !

— Quand il vient en bateau, où va-t-il et comment procède-t-il ?

— Toujours de la même façon. Il amarre son bateau au quai, juste après le pont de la route de Spézet, situé avant l'écluse de Lanmeur. Il m'appelle de son portable avant d'arriver et je vais l'attendre avec ma voiture ou je marche sur le chemin de halage à sa rencontre selon le temps. Par le petit chemin vicinal qui coupe, c'est rapide à pied. C'est un peu plus loin, si vous passez par la grande route.

— Acceptez-vous de nous accompagner jusqu'à l'endroit où il attache son bateau ?

— Tout de suite ?

— Oui, s'il vous plaît.

— Pouvez-vous me dire ce qui se passe ? Vous m'intriguez avec vos questions !

— Pour l'instant rien, Madame, mais nous devons vérifier quelque chose.

— Très bien, je rentre mon chien et nous y allons. Elle fit demi-tour et s'adressa au chien : « Tu vas rester bien sage à la maison, Jedï, maman va s'absenter quelques instants avec ces messieurs… »

La porte refermée… Phil tourna son regard vers François. L'inquiétude se lisait sur leur visage. Ils commençaient à se dire que Jean-Baptiste Castellin avait rencontré quelques problèmes. La dame apparut à nouveau et referma la porte à clef derrière elle.

— Vous m'emmenez, ce n'est pas très loin, ou dois-je prendre ma voiture ?

— Venez avec nous.

Le visage de la femme avait changé. Il n'offrait plus ce regard rayonnant ni ce sourire affiché lors de leur arrivée. Le tracas venait de le ternir. Une certaine angoisse apparaissait. C'était comme si elle venait de prendre dix ans d'un seul coup.

— Voilà, nous arrivons au pont, ralentissez et vous allez tourner sur la gauche avant de vous engager sur le pont et ce sera juste là. Méfiez-vous, il y a une forte pente pour accéder au chemin de halage. Vous pourrez vous garer près de la table de pique-nique.

La voiture effectua la manœuvre indiquée mais, avant même de s'arrêter, la dame s'exclama :

— Mais… son bateau est là… Jean-Bat !

Elle se précipita hors de la voiture, pour descendre sur le bateau à partir du quai. François eut juste le temps de la retenir et de lui demander d'attendre un peu. Le temps que Phil descende à bord pour faire une inspection sans rien toucher. Il ne constata aucune présence à bord. Pas de dérangement apparent comme si le propriétaire venait de le quitter pour revenir rapidement. Mais, dès lors, les choses se compliquaient. Le bateau était correctement attaché par un cordage à la bitte d'amarrage en granit. La dame se mit à crier et à appeler son ami. La crise de nerfs semblait proche. François lui conseilla de s'asseoir dans la voiture. Ils devaient à présent appeler le patron, Yann Le Godarec. Celui-ci décida d'avertir le procureur et de déclencher des recherches. Le canal gardait son secret pour l'instant, mais il devenait important de le percer.

Phil proposa à François de délimiter un périmètre de sécurité autour de l'embarcation et de rester avec la dame, car il avait remarqué un bistrot de l'autre côté du pont, sur la droite, en allant vers Spézet. Il allait s'y rendre pour interroger les tenanciers. L'accueil fut sympathique. Deux jeunes gens consommaient, accoudés au bar, ainsi qu'un couple, assis à une table. Après s'être présenté et avoir montré sa carte de police, Phil, dans un silence religieux, s'adressa à la serveuse :

— Connaissez-vous monsieur Jean-Baptiste Castellin ?

Son air embarrassé en disait long. Elle secoua la tête négativement et lança à l'intention de ses clients :

— Est-ce que ce nom vous dit quelque chose ?

Chacun se sentit obligé de mener une réflexion, sans plus de succès. L'un d'entre eux osa timidement une question, ne voulant pas rester sans réponse :

— D'où est le monsieur que vous cherchez ?

— C'est le propriétaire du bateau, là-bas, amarré le long du quai.

— Ah ! le copain de Marie-Jo ! s'exclamèrent-ils soulagés.

La serveuse reprit la parole, car c'était elle finalement qui avait été interrogée :

— Nous l'apercevons très souvent avec Marie-Jo, mais nous n'avons jamais su son nom...

— Quand l'avez-vous vu pour la dernière fois ?

— Vu ? Je ne sais pas trop vous dire...

— Quand le bateau a-t-il été amarré à cet endroit, selon vous ?

— Pour moi, je dirais dimanche, dans la matinée. Mais je ne l'ai pas vu arriver. Le bateau n'était pas là au moment de l'ouverture.

— En êtes-vous sûre ?

— Oui, certaine.

— Quelle heure était-il ?

— J'ai ouvert à dix heures. Le dimanche, nous commençons plus tard, précisa-t-elle, comme pour se justifier. Et à treize heures, en fermant, je me souviens parfaitement avoir vu le bateau. C'est pratiquement le seul qui vient se mettre là et je me suis même dit que Marie-Jo avait de la visite car, lorsqu'il n'est pas sur son bateau, il est chez elle...

— Et Marie-Jo, vous la connaissez bien ?

— Bien sûr, depuis qu'elle s'est installée dans sa maison, près de l'écluse de Lanmeur.

— Quelqu'un aurait-il vu arriver Jean-Baptiste Castellin ?

— Oui, moi ! dit le jeune homme accoudé au bar. Quand je sortais de ma voiture, il attachait son bateau.

— Lui avez-vous parlé ?

— Non, c'est trop loin et je ne le connais pas. Je dois dire que je l'ai aperçu plutôt que vu. À cette distance, ce n'est pas facile de distinguer précisément. Je pense que c'était bien lui, du moins c'était son allure habituelle, sa veste de pêche, sa casquette, je l'ai toujours vu vêtu de cette manière, mais toujours de loin. Seul ou avec Marie-Jo.

— Quelle heure était-il ?

— Onze heures et demie vers là…

— Oui, c'est ça ! approuva la serveuse. Tes copains sont arrivés peu après et je me souviens qu'il n'était pas loin de midi moins le quart.

— Très bien, merci. Quelqu'un d'autre l'a-t-il aperçu comme Monsieur ou le connaît-il plus précisément ? Toutes les têtes répondirent par la négative.

Phil nota le nom du jeune homme et vint rejoindre François à la voiture. L'état de Marie-Jo s'était aggravé. Elle pleurait et appelait Jean-Bat sans arrêt. Elle se mit à crier quand la voiture des pompiers arriva, tirant le zodiac qu'ils mirent rapidement à l'eau. Phil expliqua la situation aux pompiers. Nous étions mardi et Jean-Baptiste Castellin n'avait pas été revu depuis le dimanche matin, une première fois par Dédé de son bistrot au moment où il quittait son emplacement à Penn-ar-Pont et une deuxième fois par un consommateur du bar situé de l'autre côté du pont sur l'autre rive vers onze heures trente.

François proposa à Marie-Jo Le Gall de la ramener chez elle et de faire venir un médecin. Elle refusa. Sa place était d'être là, près du bateau, dans l'attente du résultat des recherches des pompiers, avait-elle répondu. Trois pompiers s'élancèrent sur leur zodiac pour descendre le canal en direction de Châteauneuf-du-Faou. Ils indiquèrent qu'ils allaient inspecter les berges du canal et surtout chaque écluse. Le camion des pompiers allait les suivre le long du chemin goudronné de halage situé sur la rive droite.

Récupérant le cours de l'Aulne un peu plus haut entre Landeleau et Cleden-Poher et celui de l'Hyères encore plus en amont vers Carhaix, le canal connaissait un peu de débit par ici. Dans sa voiture, Phil commença à rédiger son rapport sur son micro-ordinateur portable. Ils se trouvaient près d'un ancien quai de chargement en aval de l'écluse deux cent-quatorze de Lanmeur et en amont de l'écluse deux cent-quinze, appelée Gwaker, de la section finistérienne du canal de Nantes à Brest. Le patron les rappela pour leur signaler que le procureur leur demandait d'ouvrir une enquête. Yann Le Godarec leur précisa que le magistrat considérait que cette affaire entrait dans le cadre des « disparitions inquiétantes » et qu'elle relevait, de ce fait, des nouvelles dispositions. Il se chargeait, par ailleurs, d'en avertir les collègues de la gendarmerie locale de Châteauneuf-du-Faou.

Marie-Jo Le Gall, à bout de nerfs, craqua. François décida d'appeler le SMUR qui vint la chercher pour la conduire au Centre Hospitalier de Carhaix-Plouguer. Phil et François empruntèrent le chemin de halage pris par les pompiers afin de les rejoindre et d'être informés du cours de leurs recherches. Tout en longeant le canal, Phil s'interrogeait sur cette construction qu'il ne connaissait pas.

— Le canal est-il navigable sur toute sa longueur ?

— Non, pas du tout. La navigation, avec des écluses remises en état, s'arrête à Lanmeur, un peu plus loin. Presque tout le Finistère est praticable, soit quatre-vingt-un kilomètres sur quarante-cinq écluses. Mais, si ceci t'intéresse, viens donc par ici avec ta famille, un dimanche. Je t'invite à pousser jusqu'à Pont-Triffen, la Maison du Canal retrace son histoire dans le Finistère, c'est vraiment intéressant.

— C'est curieux, depuis que nous sommes installés en Bretagne, nous nous sommes surtout baladés le long de la côte. Nous n'avons pas le réflexe de venir à l'intérieur du pays. Mais je vais inscrire cette destination dans mes prochaines sorties…

Phil s'émerveillait à chaque écluse. La maison du gardien était construite à chaque fois selon le même modèle. Leurs noms, tous plus curieux les uns que les autres – Moustoir, Boudrac'h… – l'amusaient. Il se disait qu'il devait être agréable de passer quelques jours dans un tel site et de se promener tranquillement en bateau sur le canal. Il était sûr que sa femme et ses enfants adoreraient. Des eaux calmes et sereines qui s'étirent dans une campagne verdoyante et préservée, sous l'ombrage de hauts peupliers ou d'arbres centenaires, ne pouvaient que convenir à toute la famille… Ils retrouvèrent les pompiers à l'écluse deux cent-dix-huit : Bizernig. Finie la rêverie. Ils devaient revenir à leur préoccupation immédiate. L'ancienne maison du gardien de l'écluse avait été transformée en école de pêche. C'était aussi la dernière écluse avant d'arriver, quelques centaines de mètres plus loin, au parking et au café "Chez Odile, le bar du Quai". Plus loin encore, se dressaient les deux ponts : l'un, ancien, le vieux pont du Roy datant du XVIIe siècle, était dorénavant utilisé par les piétons et, l'autre, moderne, portait la route de Châteauneuf-du-Faou vers Saint-Goazec. Au-dessus, surplombant le site, la chapelle Notre-Dame-des-Portes et cette charmante petite ville de Châteauneuf-du-Faou aux toits d'ardoises dont les façades grises ou d'un blanc cru, se miraient dans l'eau sombre. Le zodiac des pompiers quittait l'écluse pour venir s'amarrer à hauteur du parking où les attendaient leur camion et la voiture de police.

— Nous n'avons rien remarqué d'anormal tout au long du cours d'eau… ni dans le mécanisme des écluses, si ce n'est cette casquette en butée contre la construction en pierre de l'écluse Gwaker, c'est-à-dire la première après vous avoir quittés. Il y avait une poche d'air prisonnière dessous et une branche qui la bloquait, ce qui l'a empêchée de s'imbiber complètement et de couler ou de suivre le faible courant. Phil et François l'examinèrent puis ils la mirent sous scellés. Le consommateur du bar, tout à l'heure, avait parlé d'un gilet de pêche et d'une casquette, comme étant la tenue habituelle du propriétaire du bateau.

Il était trop tard pour faire venir les plongeurs. Les recherches reprendraient le lendemain. C'était une chance que ce soit un canal car ils allaient pouvoir réduire considérablement la hauteur d'eau entre deux écluses. On pouvait ainsi fermer en amont et ouvrir en aval et procéder ainsi, alternativement, d'une écluse à l'autre. Les plongeurs n'interviendraient que pour fouiller les trous d'eau et les berges boisées de la rive gauche, la droite étant parfaitement propre le long du chemin de halage. En quittant Châteauneuf-du-Faou pour rejoindre leur bureau à Quimper, Phil et François formulèrent diverses hypothèses…

IV

Mercredi 30 juillet.

Dans le bureau du patron, Yann Le Godarec, Phil et François commentaient leur fin de journée précédente à propos de Jean-Baptiste Castellin. Le patron commença par ressortir les textes sur les nouvelles dispositions concernant les disparitions inquiétantes. Ce nouveau texte offrait bien plus de possibilités d'investigation que le précédent. Phil se proposait de l'éplucher dans le détail et de voir comment le mettre en application dans le cas présent. Ils convinrent ensuite qu'ils devaient d'abord attendre les résultats des plongeurs, certainement à l'œuvre en ce moment même sur le canal. Mais, déjà, les avis des uns et des autres divergeaient. Phil, lui, n'excluait pas une manœuvre de diversion pour cacher une disparition volontaire dont le motif restait à découvrir. Chacun pensa aussitôt à l'affaire du docteur Godard disparu à partir des Côtes d'Armor… François ne partageait pas ce point de vue et exprima son sentiment sur la question.

— Ah ! Je reconnais bien là l'ardeur de ta jeune imagination… en alerte et en attente d'une affaire extraordinaire, Phil ! Pour moi, je songe plutôt à deux hypothèses : la première, comme il a été vu attachant son bateau, il aurait eu un malaise tout bonnement, aurait chuté dans le canal, puis se serait noyé et les plongeurs vont le retrouver. La deuxième, c'est que quelqu'un l'aurait aidé à tomber dans l'eau… peut-être. L'autopsie pourra nous aider à vérifier cette possibilité.

— Tu vois, François, dans ce deuxième cas, déjà, il faudra rechercher à qui profite le crime, si crime il y a…

Il fallut toute la matinée pour collecter des informations sur l'environnement de Jean-Baptiste Castellin. Son épouse d'abord : habitant dans la région de Rennes, elle se rendrait, l'après-midi même, au domicile de monsieur Castellin où Phil et François se proposaient de la rencontrer.

Peu après quatorze heures, ils arrivèrent une nouvelle fois vers Saint-Goazec selon un itinéraire désormais connu par Phil. La chaleur était caniculaire et durait depuis plusieurs jours déjà, le jardin commençait à souffrir sérieusement. Devant le portail, un véhicule Scénic blanc, immatriculé dans le trente-cinq attestait que madame Le Brizac devait être arrivée. Une femme d'un mètre soixante-dix environ, cheveux châtain ramassés en chignon serré à l'arrière de la tête, le visage sombre mais pas attristé, se présenta à la porte de la maison dès le premier coup de sonnette.

— Madame Jeannine Le Brizac, ex-épouse Castellin, si vous voulez bien vous donner la peine d'entrer, Messieurs… Nous serons mieux à l'intérieur, à la fraîcheur.

Madame Le Brizac portait un chemisier blanc et une jupe beige clair. Son allure élégante mais stricte laissait penser qu'elle devait être une femme de caractère qui ne devait pas s'en laisser conter. Il s'en dégageait une autorité naturelle.

— Alors que se passe-t-il ? lança-t-elle, désinvolte, en guise d'introduction.

— Nous ne savons pas encore, mais nous cherchons.

Phil exposa la situation qui pouvait laisser craindre une noyade dans le canal. Madame Le Brizac resta de marbre, insensible à la destinée de son époux, se contentant de préciser que d'aller seul sur le canal avec son bateau, n'étant ni marin, ni marinier, même "du dimanche", un jour ou l'autre, c'était ce qui devait arriver. Puis, Phil engagea la rédaction du procès-verbal, son ex-épouse faisant partie des personnes l'ayant vu pour la dernière fois.

— Tout d'abord, nous souhaitons recueillir votre état civil.

— J'ai cinquante-huit ans, comme mon ex-mari d'ailleurs, mariée depuis dix ans, sans enfant de ce mariage. Nous avons divorcé… par consentement mutuel, cela fait trois ans. C'était au moment où j'ai pu bénéficier d'un départ en préretraite, selon un accord d'entreprise à cinquante-cinq ans. J'étais Directeur des Ressources Humaines (DRH) dans une entreprise de production de pièces pour l'automobile pour les constructeurs français et européens.

— Et précédemment ? Vous venez de dire pas d'enfant de ce mariage…

— Mariée, deux filles, de trente et vingt-huit ans, qui sont mariées, elles aussi. Veuve, mon mari s'est tué dans un accident au cours d'une mission à l'étranger, cela fait treize ans. J'ai connu Jean-Baptiste lors de rencontres de cadres dirigeants sur Rennes. Il était avenant, jovial, sympathique. A priori joyeux, il savait parler aux femmes, je me suis laissée séduire… J'ai vite déchanté, c'est en réalité un homme pervers, retors, toujours à l'affût d'un mauvais coup, vicieux et même cavaleur quand il a trop bu…

— Hey ! Comme vous l'habillez !

— Oui, et je suis très en dessous de la vérité. C'est un salaud, un lâche et un pauvre type, à mes yeux ! Voilà pour l'essentiel. Nous avons vécu, disons en coexistence pacifique, pendant ces dernières années de vie commune et, au moment de partir en préretraite, j'ai mis un terme à notre couple, sans regret.

— Mais vous vous voyez toujours !

— Non, pas du tout ! Sauf raison exceptionnelle…

— Pourtant, vous vous seriez vus samedi dernier, semble-t-il ?

— Exact, pour raison exceptionnelle comme je viens de vous le dire. Je suis venue le voir samedi en fin de matinée pour lui faire signer un mandat de vente d'un bien immobilier que nous avions acheté à Rennes dans le cadre de la loi Périssol. Nous détenions ce bien loué à des tiers depuis neuf ans, durée minimum imposée par la loi. Nous pouvions donc le vendre sans avoir à reverser les avantages fiscaux. Nous étions d'accord, il n'y avait aucun problème. Il a d'ailleurs signé. Nous avons déjeuné ensemble ici et je suis repartie dans l'après-midi.

— Vers quelle heure ?

— Entre seize et dix-sept heures car je participais à un bridge le soir même vers vingt heures à Rennes.

— À quel endroit ?

— Voici ma carte de membre avec les coordonnées du club. Vous pourrez vérifier. Je suis rentrée vers deux heures du matin et, le dimanche matin, nous avions notre sortie culturelle annuelle, journée à Paris avec visite du Musée d'Orsay puis d'une exposition de peinture. Là aussi vous pouvez vérifier.

— C'est ce que nous allons faire. Si nous envisageons la disparition de votre époux…

— Ex ! Ex-époux, s'il vous plaît !

— Pardonnez-moi… je disais donc de votre ex-époux. Quelles seraient selon vous l'hypothèse ou les hypothèses les plus probables ?

— Je crois, hélas, en premier lieu, à la noyade en allant voir "sa pute" !

— Vous ne mâchez pas vos mots ! Que voulez-vous dire par "sa pute" ?

— Cette femme dont il s'était entiché !

— Que vous connaissez ?

— Non. Elle ne m'intéresse pas. Je préfère continuer à l'ignorer.

— Est-elle la cause de votre rupture définitive ?

— Sûrement pas ! Cela faisait bien longtemps que j'avais mis mon ex-époux à la diète, si vous voyez ce que je veux dire. Alors, la première femme qui passe… Je vous assure que je m'en fichais et m'en contrefichais complètement de cette histoire… Non, voyez-vous, en y réfléchissant un peu plus, j'aurais plutôt vu mon mari disparaître, tué au volant de sa voiture, ivre mort… ou bien encore se faire descendre par des personnes à qui il avait pu faire du mal. Et Dieu sait qu'il en a fait !

— Ah ? C'est intéressant ce que vous venez de dire et à qui a-t-il pu faire du mal dans le passé ?

— À des tas de gens ! Vous ne pouvez pas imaginer ! En commençant par des salariés de l'entreprise où il était cadre de direction par exemple…

— Où travaillait-il ?

— Près de Rennes, dans un grand groupe de vente de produits chimiques. Il était directeur commercial, en charge du réseau de magasins répartis sur l'Ouest. Il s'agit de magasins avec un responsable salarié par unité. Ensuite, chaque point de vente dispose de commerciaux soit sédentaires, soit itinérants, pour vendre des produits à des particuliers, des professionnels et des industriels.

— Revenons à lui, s'il vous plaît…

— C'était une ordure, un pervers, un traître. Il en a cassé plus d'un et, par voie de conséquence, a bousillé des familles entières par ses actes. Quand il avait quelqu'un en grippe, il le poussait à l'extrême dans son travail jusqu'à ce qu'il craque. Entre les longues maladies et les licenciements, il détient un triste palmarès…

— À ce point ?

— Pire, je suis en dessous de la réalité !

— Pouvez-vous nous donner l'adresse de l'entreprise ?

— Bien sûr, voici, j'ai encore sa dernière carte de visite professionnelle, vous pouvez la garder… Mais, sans aller aussi loin, j'ai toujours pensé que ses voisins les plus proches, lui feraient un jour la peau… Mais tout ceci, c'est votre boulot, moi, ce que je vous en dis, vous en faites ce que vous voulez… Sachez que, qu'il soit vivant ou mort, ça ne me fera ni chaud, ni froid ! Je m'en fiche complètement !

— Au moins, vous êtes directe dans vos propos et vous n'avez pas d'état d'âme, c'est le moins qu'on puisse dire !

— Moi, je suis franche ! Je n'ai rien à cacher, alors advienne que pourra !

— Un détail cependant, concernant le bien immobilier : à qui revenait le produit de la vente ?

— Sachez que la dissolution de communauté était faite depuis longtemps. Il ne restait que ce bien. Nous devions procéder le plus simplement du monde. Le notaire chargé de la vente déduisait le capital restant dû sur le crédit en cours ainsi que les frais éventuels, puis le solde restant, il le divisait en deux pour nous le verser.

— Très bien. Qui est le notaire chargé de la vente ?

— Voici ses coordonnées sur ce carton de confirmation de rendez-vous.

— Parfait, nous allons vérifier tous ces éléments.

— Dois-je rester sur place en attendant que vous le retrouviez ou puis-je rejoindre mon domicile ?

— Vous pouvez rejoindre votre domicile, nous vous appellerons dès que nous aurons des nouvelles. Mais nous devrions être rapidement fixés. Les recherches se font dans le canal, ce qui nous donne la possibilité de jouer sur le niveau d'eau entre les écluses, ceci simplifie le travail des pompiers et des plongeurs.

— Bien. Comme je n'ai aucune envie de rester dans cette maison qui m'évoque des souvenirs sordides, je vais aller me promener à Quimper. Voici mon numéro de portable, je rentrerai en fin de journée sur Rennes, tenez-moi informée quand vous aurez du nouveau.

— Nous souhaitons visiter la maison, pouvez-vous nous accompagner ?

— Si vous le voulez.

Ils ne remarquèrent rien de particulier dans les pièces habitées de la maison.

Ils visitèrent la cave, une caisse en bois contenait

des pommes de terre fraîchement récoltées. Ceci confirmait ce qu'ils avaient supposé précédemment en visitant le jardin. À peine le tour terminé, madame Le Brizac salua les officiers de police judiciaire.

Phil et François considérèrent ceci comme une prise de congé. Ils se séparèrent et quittèrent la maison pour se rendre aussitôt chez le voisin, propriétaire de la meute.

V

La voiture était à peine garée devant la maison que l'homme sortit de chez lui pour rencontrer ses visiteurs. Son humeur n'avait guère varié depuis la précédente visite.

— Encore vous ! Que voulez-vous encore ?

Phil et François se présentèrent cette fois. Mais ni le grade ni la fonction d'officier de police judiciaire n'impressionnèrent notre homme qui resta impassible.

Le long de la route, un mur en parpaings délimitait la propriété. Juste derrière, on devinait qu'un jardin avait laissé la place à une friche jusqu'à la maison sur quatre ou cinq mètres. La façade de la construction se composait de pierres vives non jointes, les ouvertures comme les volets, de couleur rouge sang de bœuf, provoquaient l'œil des visiteurs. Pas de portail d'entrée. Sur la droite, un appentis servait de garage et de remise. Une 4 L fourgonnette blanche y était garée, la porte arrière ouverte laissait apparaître une grille métallique qui, sans doute, facilitait le transport des chiens. Côte à côte, une remorque surmontée de grilles métalliques également, vraisemblablement pour le même usage. Juste derrière l'appentis, en prolongement vers le champ, un grand bâtiment, moitié en dur, moitié grillagé d'où provenaient des dizaines d'aboiements… « S'il fallait mesurer les décibels ! » pensa François.

— Nous enquêtons sur la disparition inexpliquée, pour l'instant, de votre voisin monsieur Jean-Baptiste Castellin.

— Sachez que si vous veniez m'annoncer que ce type était retrouvé noyé dans le canal, vous m'en verriez ravi… Bon débarras, en voilà au moins un qui aura eu ce qu'il méritait ! Cela me prouvera pour une fois qu'il y a une justice sur terre.

— Vous rendez-vous compte de vos propos, Monsieur ?

— Monsieur Étienne Le Goff, dit Le Stéphanois, soixante ans, vingt-cinq ans d'armée. Maître-chien et gardien pour une société de gardiennage à Quimper depuis près de quinze ans ! Vous pouvez vérifier mes états de service. Il n'y en a pas beaucoup par ici qui peuvent présenter les mêmes !

— Maître-chien au travail, si je comprends bien ?

— Tout à fait, Messieurs !

— Et à votre domicile, vous vous occupez d'une meute… Les chiens sont votre passion ?

— Plus que ça, Messieurs ! lança-t-il avant que Phil ne termine sa phrase. Une véritable histoire d'amour. Les hommes et encore plus les femmes m'ont trop fortement déçu. Les chiens… jamais ! Je fais de la surveillance de nuit avec mon chien de garde et, le jour, je peux m'occuper de ma meute. Rien ne m'a donné plus de satisfactions au monde que mes chiens. Ma meute a été primée des dizaines de fois. Entrez ! Je vais vous montrer toutes mes coupes et mes trophées.

Phil et François entrèrent dans la tanière de l'homme. Il expliqua qu'il tenait cette maison de sa pauvre mère décédée depuis bien longtemps qui la tenait, elle-même, de sa mère. Il l'avait rénovée, remplaçant le chaume d'origine par un toit recouvert d'ardoises rustiques qu'il avait lui-même récupérées sur le site des anciennes ardoisières de Saint-Goazec. Il avait dû renforcer la charpente afin qu'elle supporte cette charge. Ceci donnait fière allure à cette maison. Il avait fait ce gros travail avec son "pote", le voisin le plus proche, ami d'enfance et ancien militaire comme lui. Ils avaient pris leur retraite au même moment. Ils s'entraidaient très souvent. « Un homme de parole qui fait partie des gens qui en ont ! » glissa-t-il en faisant rentrer ses hôtes.

L'aboiement des chiens cessa progressivement, ce qui leur permit de s'exprimer normalement sans devoir élever la voix.

La maison offrait une agréable fraîcheur grâce aux murs épais et aux petites ouvertures à l'ancienne qui atténuaient du même coup les bruits extérieurs. L'intérieur, plutôt sombre, meublé de style rustique, semblait correctement entretenu, sans plus.

Visiblement, une présence féminine manquait dans ces lieux.

Ils entrèrent dans une salle à manger, une grande table familiale, entourée d'une demi-douzaine de chaises en bois au dossier très haut, sculptées de motifs traditionnels bretons, occupait l'espace central.

D'un côté, un buffet breton, et, de l'autre, un pan de mur totalement occupé par des étagères présentaient plusieurs dizaines de récompenses gagnées par Le Stéphanois lors de concours.

Il commença par évoquer les prix les plus prestigieux mais, rapidement, Phil dut ramener l'homme à ce qui les intéressait. Sinon, il craignait de passer trop de temps à l'écouter conter sa passion, ce qui n'était, en aucun cas, le but de leur visite.

— Pourquoi vous faites-vous appeler Le Stéphanois ? Parce que, si je comprends bien, vous êtes pur breton et depuis plusieurs générations !

— Oui, Breton pure souche ! Il est possible même de remonter mon arbre généalogique jusqu'à fin quinzième, début seizième siècle ! Du temps d'Anne de Bretagne et de l'époque de son mariage avec Charles VIII !

— Eh bien, dites-moi !

L'homme sourit pour la première fois, visiblement fier de lui et de son petit numéro.

— Pourquoi Le Stéphanois ? À l'armée, chacun avait son nom de code. J'aurais pu m'appeler "Le

Breton", mais il y en avait déjà plusieurs. Je suis donc parti d'Étienne, puis, passant par Saint-Étienne, on arrive à "Stéphanois", voilà, c'est tout…

— Très bien. Revenons à votre voisin, Jean-Baptiste Castellin. Quand l'avez-vous vu pour la dernière fois ?

— Je vous l'ai dit, c'était dimanche matin. Il partait avec son Espace, il devait être entre huit heures et demie et neuf heures.

— L'avez-vous vu réellement ou avez-vous simplement aperçu sa voiture ?

— Vu réellement ! Vous savez ce connard, avec sa veste et sa casquette de premier de la classe qui va à la pêche, ne passe pas inaperçu ! Il est sorti de sa voiture pour fermer son portail, donc… je ne pouvais pas le rater !

— Était-il seul ?

— Oui.

— Pourquoi le détestez-vous ?

— Parce que c'est un con, Monsieur, voilà pourquoi !

— Oui, j'entends bien. Mais, quelles sont les raisons qui ont amené ce différend entre vous ?

— Une vieille histoire. Cela fait une dizaine d'années, il avait à peine acheté cette maison, où il ne venait que quelques fois par an, qu'il était aussitôt venu me faire la comédie pour faire taire mes chiens ! Taire mes chiens… pensez-donc ! Il ne devait pas savoir ce que c'est qu'une meute ! Plus tard, quand il est venu s'installer pour de bon, il a vraiment tout fait pour me faire "chier", et je pèse mes mots, lettres à la gendarmerie, au maire et j'en passe !

— C'était l'escalade entre vous…

— Oui, et même qu'une fois, mon pote Mimich, le voisin et ami le plus proche, l'a aperçu de loin avec un lance-pierres, dans le champ qui donne sur l'arrière et donc sur mon chenil. Il se demandait bien ce qu'il pouvait y faire. Quand il a vu que mon pote l'avait aperçu, il est rentré aussitôt chez lui. Le lendemain matin, j'ai compris. Il avait lancé des boules de viande empoisonnées et plusieurs de mes chiens ont été retrouvés morts… L'évocation de ce triste souvenir affectait visiblement notre homme. Le ton venait de baisser et la voix devenait plus grave.

— Avez-vous porté plainte ?

— Non, avec mon pote, nous nous sommes dit qu'un jour ou l'autre, on lui casserait la gueule. Les gendarmes ne savent pas faire la justice dans nos campagnes ! Et ce n'est pas tout ! Une autre fois, mes chiennes étaient en chaleur et, dans ce cas, je suis obligé de séparer les mâles, alors je les fais garder par mon ami le temps qu'il faut. Nous ne savons comment, mais le plus beau mâle reproducteur a réussi à s'échapper. Il a dû venir directement vers mon chenil, tourner autour et ensuite divaguer dans les environs. Savez-vous où et comment nous l'avons retrouvé ?

— Non ?

— Dans le canal entre Bizernig et Boudrac'h !

— Noyé ?

— Non, empoisonné et pas une goutte d'eau dans les poumons ! Je l'ai fait examiner par mon ami véto. Vous imaginez bien vers qui pouvaient aller les soupçons ? Toujours le même ! Il a dû l'empoisonner, l'emporter ensuite dans un sac sur son bateau et le glisser tranquillement dans l'eau…

— Je vois. Avez-vous porté plainte ?

— Non, pas plus, ce n'est qu'une question de jours et de circonstances pour le lui faire payer…

— Vous rendez-vous compte de ce que vous nous dites ? Imaginez qu'on retrouve votre voisin dans le canal, vers qui croyez-vous que les soupçons vont se tourner ?

— Vers qui vous voudrez ! Lui casser la gueule pour qu'il s'en souvienne pour le restant de ses jours, OK ! Mais de là à le tuer, faut pas exagérer, non plus !

— Bien, j'espère pour vous que nous le retrouverons vivant !

— Parce que vous croyez qu'il est peut être mort ?

— Nous ne savons pas ! Nous avons commencé des recherches ! Je crois, monsieur Le Goff, que nous serons amenés à nous revoir très prochainement.

— Que faisiez-vous dimanche matin ?

— Je me suis d'abord rendu chez Armel, à la Maison de la presse, prendre le journal du dimanche. Chic type et sympa, cet homme. Puis, je suis allé boire un coup au bar PMU de Châteauneuf-du-Faou vers midi, comme tous les dimanches. J'ai retrouvé Mimich et les autres…

— Et après ?

— Eh bien… Je suis rentré.

— À quelle heure ?

— Vers midi et demi…

— Où êtes-vous rentré ?

— Ici, je suis venu directement.

— Qu'est-ce qui le prouve ?

— Rien… dit-il piteusement, après réflexion et un long silence. Je vis tout seul alors, en dehors de mes chiens, qui voulez-vous qui vous dise à quelle heure je suis rentré ? rajouta-t-il plus inquiet.

L'homme, cette fois, venait de mesurer la gravité des choses et devait sans doute réaliser et regretter la légèreté de ses propos. Son air contrarié l'attestait.

— Comment devons-nous faire pour nous rendre chez votre ami et plus proche voisin ? Comment s'appelle-t-il exactement ?

— Michel Le Page… tout le monde l'appelle Mimich. Il continue à entretenir la petite ferme de ses parents. À pied c'est très facile, il vous suffit de traverser les deux champs ! Par la route, c'est plus compliqué, il faut reprendre la voiture et faire au moins quatre ou cinq kilomètres !

Phil et François quittèrent la maison d'Étienne Le Goff avec un sentiment très partagé. Le Stéphanois paraissait être un curieux personnage, à première vue plutôt bourru, mais finalement plutôt malin et débrouillard avec un mélange d'intelligence, de culture et d'idées bien arrêtées. Qui était-il exactement ? François nota de transmettre une demande de renseignements sur cet individu ainsi que sur madame Le Brizac. Puis ils prirent la direction de la ferme de Michel Le Page.

VI

Ils firent le grand tour en empruntant la route départementale et arrivèrent dans une petite cour de ferme. Un chien donna l'alerte. Il ne paraissait pas inquiétant. Il cessa d'aboyer, puis vint vers la voiture en remuant la queue.

D'un côté de la cour, sur la gauche, une longère bien rénovée qui devait servir de maison d'habitation, de l'autre côté, une grange avec du matériel agricole et, à côté, quelques dépendances. Dans l'une d'elles, une voiture particulière y était garée : une Peugeot 106 de couleur rouge. La maison avait été décrépie et les joints entre les pierres parfaitement refaits en ciment. Le bleu roi des fenêtres, des volets comme de la porte d'entrée ressortait parfaitement sur la façade.

La fenêtre à gauche de la porte d'entrée était ouverte et, avant de sonner, Phil et François eurent le temps de percevoir des bribes de conversation téléphonique.

— Oui, oui, ils viennent d'arriver, je te laisse… Je te tiens au courant… Oui, à plus…

Pour les deux officiers de police, cela ne faisait

aucun doute. Le Stéphanois venait de prévenir son ami et voisin et rendre compte de leur visite. Juste après la sonnerie, un homme d'une soixantaine d'années, athlétique et visiblement énergique apparut dans l'encadrement de la porte. Il écouta Phil et François se présenter sans rien laisser paraître, avec cependant le visage inquiet et sur la défensive, tentant malgré tout d'afficher une belle assurance.

— Entrez, Messieurs, je suis à vous.

Ils s'installèrent dans la cuisine autour d'une table en formica, prestige des années soixante, comme l'ensemble du mobilier. Un carrelage, classique des années soixante également, carreaux de dix, beige, recouvrait le sol.

— Nous enquêtons sur la disparition de votre voisin, monsieur Castellin. Le connaissez-vous ?

— Oui… mais comme ça, sans plus, crut-il bon de préciser. L'homme paraissait moins volubile que son ami Étienne. Il avait dû aussi savoir par son ami qu'il ne fallait pas plaisanter ni s'exposer par des réflexions trop péremptoires.

— Quels sont vos rapports avec votre voisin ?

— Pas très bons…

— Pas très bons ou carrément mauvais ?

— Mauvais.

— Et pour quelles raisons ?

— Ben, c'est-à-dire que… mais, avant toute chose, j'ignore ce qui lui est arrivé, mais je peux vous dire que je n'y suis pour rien !

Les officiers de police n'étaient pas dupes, Le Stéphanois avait eu le temps de parler au téléphone,
mais ils ne relevèrent pas la réflexion.

— Nous n'en sommes pas là, monsieur Le Page,
et contentez-vous dans l'immédiat de nous dire les
raisons de votre… appelons cela "mésentente", avec
votre voisin, est-ce que l'expression vous convient ?

— Oui… comme j'allais vous le dire, le problème
vient d'un droit de passage. Depuis toujours, mon
père et mon grand-père, passaient dans le bas du
champ du voisin pour accéder ensuite au reste des
terres de la ferme, de l'autre côté de la route goudronnée qui mène chez lui et chez Le Stéphanois.
Quand Castellin a acheté la propriété, il a vite fait
d'aller chez le notaire, au cadastre et partout, pour
vérifier si le droit de passage était bien inscrit.

— Les servitudes n'étaient pas inscrites ?

— Non. Rien ne figurait nulle part dans ce sens.
Un jour, il est venu m'attendre quand j'arrivais avec
mon tracteur et il m'a dit que c'était la dernière fois
que je passais. Puis, il a fait monter un mur de terre
sur lequel il a planté des arbres d'une dizaine d'années. Du coup, je dois faire quatre ou cinq kilomètres
pour aller dans mes champs de l'autre côté. Vous
parlez si c'est pratique, sans compter que, si je veux
vendre les terres, elles ne jouxtent plus la ferme…
Quel pauvre type tout de même ! Qu'est-ce que ça
pouvait lui faire de me laisser passer, surtout qu'il
ne cultive même pas cette terre ! Il l'a laissée en

jachère… Faut-il être méchant tout de même, vous ne trouvez pas ?

— Nous ne connaissons pas le cas, mais le droit est le droit…

— Peut-être, mais ce n'est pas juste, tout de même !

— Alors qu'avez-vous fait ?

— Je suis allé voir le notaire, le maire, le cadastre… J'ai même pris un avocat spécialiste en droit rural, mais je n'ai rien pu prouver pour le droit de passage… Depuis, je fais le tour avec mon tracteur…

— Étienne Le Goff, de l'autre côté du champ, là-bas, c'est votre ami, nous a-t-il dit…

— Oui, nous avons le même âge, à quelques mois près. Nous avons été à l'école primaire ensemble, puis nous avons fait tous les deux vingt-cinq ans dans l'armée…

— La même arme, le même corps ?

— Non, pas du tout. Je me suis engagé dans les commandos de la Marine Nationale, fusilier marin à Lorient…

— Mais vous êtes très proches l'un de l'autre.

— Oui, nous nous étions perdus de vue pendant les vingt-cinq ans où nous ne faisions que nous apercevoir de temps en temps, au hasard d'une permission. Depuis quinze ans, nous nous sommes retrouvés et notre amitié est totale… Que s'est-il passé pour le type Castellin ? demanda-t-il, presque timidement, le visage ne dissimulant pas les questions qu'il se posait ni son inquiétude.

— Nous ne savons pas pour l'instant. Que faisiez-vous dimanche matin, monsieur Le Page ?

— Comme chaque dimanche, je vais, vers onze heures et demie au bar PMU de Châteauneuf-du-Faou pour retrouver quelques copains, prendre l'apéro, faire un tiercé ou un jeu quelconque. J'y retrouve Le Stéphanois…

— Êtes-vous joueur ?

— Non, pas du tout, je limite ma mise à quelques euros pour m'amuser, sans plus, c'est plutôt le fait de retrouver les copains…

— À quelle heure avez-vous quitté le bar ?

— Vers midi et demi…

— Où êtes-vous allé ?

— Ben… chez moi !

— Qu'est-ce qui le prouve ?

— Je suis rentré directement !

— Oui, ça nous l'avons entendu. Mais, est-ce que quelqu'un vous a vu et peut témoigner ?

— J'chais pas… Son inquiétude se lisait plus que jamais sur son visage… Son embarras lui faisait perdre sa belle assurance du début de l'entretien. J'ai mangé un plat cuisiné que j'avais ramené de chez le traiteur de Châteauneuf-du-Faou…

— C'est ce que vous pensez être une preuve ? Votre chien a très bien pu le manger, si vous voyez ce que je veux dire ! Rappelez-vous, c'est comme en droit pour votre servitude de passage ! Il nous faut des faits, des témoignages précis ! Bref, des preuves !

— Y'a Le Stéphanois…

— Oui, c'est cela… et lui va dire, y'a Michel Le Page ! Un peu léger comme preuve. Enfin, pour l'instant nous n'en sommes pas là. Il faut commencer par savoir ce que monsieur Castellin est devenu. Ensuite, nous aviserons… Je crains fortement, Monsieur, que nous soyons amenés à nous revoir prochainement…

Phil et François sortirent de la maison. Le chien vint les rejoindre pour saluer leur départ. Ils prirent alors la direction du canal. En route, ils échangèrent sur ces trois rencontres. Aucune ne les satisfaisait, même si les deux anciens de l'armée et "copains comme tout" ne leur semblaient pas totalement vierges de tout soupçon.

En revenant vers Châteauneuf-du-Faou, avant de prendre le chemin de halage, ils décidèrent de faire un saut au centre-ville.

— Je vais en profiter pour faire une visite chez Armel ! dit François. C'est le patron de la Maison de la presse. À chaque fois que j'ai besoin de revues sur la pêche, je passe par lui, il me les met de côté et, à l'occasion, quand je viens, je les récupère. Gare-toi devant la banque, la Maison de la presse est juste en face.

Un homme fort sympathique, dynamique et très commerçant, les accueillit… François ayant pris sa commande, en profita pour lui demander quelques renseignements concernant leur affaire.

— Jean-Baptiste… Oui, je le connais… Il passe régulièrement pour acheter quelques journaux et revues. Il prend le plus souvent *Le Monde*, le *Nouvel Ob's* et *Les Échos*… Enfin, vous voyez ?

— Quelle est son attitude ?

— Correcte, Castellin est toujours discret et courtois.

— Connaissez-vous Le Stéphanois ?

— Oui, bien sûr ! Un brave homme, un ancien baroudeur de l'armée. Il est bien connu en ville.

— L'avez-vous vu dimanche dernier ?

— Bien entendu, comme tous les dimanches en fin de matinée. Il vient prendre son journal et descend rejoindre ses copains pour le tiercé dominical. Nous plaisantons souvent lors de son passage.

Ils se rendirent ensuite au bar PMU.

Le tenancier confirma les propos du Stéphanois et de Mimich. Ils avaient quitté l'établissement vers midi et demi, chacun dans sa voiture, 4 L fourgonnette blanche pour l'un et 106 rouge pour l'autre, prenant la direction du bas de la ville, mais sans pouvoir dire ensuite vers où ils allaient. Vraisemblablement chez eux.

En repartant, ils passèrent devant le buste de Sérusier érigé en contrebas de l'église paroissiale. François proposa alors à Phil de s'accorder quelques minutes pour découvrir le superbe point de vue panoramique. Il tourna, regagna l'Office de tourisme, passa à gauche ensuite pour suivre une rue étroite qui montait et offrait, à une centaine de mètres de là, sur la gauche, une très belle vue sur la vallée.

De l'autre côté, situé sur un roc dominant cette même vallée, le Château de Trévarez, dont la couleur rose-rouge ressortait au milieu de son parc de quatre-vingt-cinq hectares. Il resplendissait véritablement au milieu de cette verdure. À leurs pieds, des jardins en terrasses s'échelonnaient jusqu'à la route en contrebas. Sans perdre de temps, ils firent demi-tour pour descendre vers Penn-ar-Pont.

VII

En tournant, juste à gauche avant le pont, ils espéraient que les pompiers seraient arrivés devant le bar du Quai. Hélas, pas de trace de pompiers. Avaient-ils découvert quelque chose et cessé les recherches ? Le corps lui-même ? Non, ils auraient été prévenus.

Ils empruntèrent le chemin de halage goudronné de la rive droite. Celui de la rive gauche ressemblait plus à un sentier qu'à un chemin carrossable. Passage devant Bizernig, Boudrac'h… pour enfin retrouver les pompiers au Moustoir.

— Alors ? Qu'avez-vous découvert ? demanda François au commandant des pompiers qui était en discussion avec des estivants.

— D'abord, c'est beaucoup plus long que prévu. Depuis ce matin, nous n'avons traité que deux espaces. Le plus important à nos yeux est celui de Lanmeur à Gwaker. Nous n'avons rien trouvé. Pour nous, s'il s'était noyé, c'est là qu'il aurait dû être ! Après, acceptons l'idée que le corps ait pu franchir une écluse. Ce n'est pas impossible, mais je pense cette hypothèse vraiment peu probable. Ce serait possible seulement au moment du passage d'une vedette.

— Y en a-t-il eu beaucoup ?

— Oui, selon les dires des personnes avec qui je parlais à l'instant, elles sont installées dans le gîte rural près de l'écluse. Dans ce cas, il peut se trouver entre l'écluse Gwaker et celle du Moustoir. Nous venons de terminer la remise en eau, nous avons fouillé chaque mètre lorsqu'il n'y avait plus que cinquante centimètres d'eau. C'est impossible qu'il nous échappe, mais toujours rien. Par principe, nous allons continuer plus bas mais, pour nous, nous ne trouverons personne dans le canal ! J'en suis presque sûr à présent !

— Bon, nous vous laissons faire…

Phil et François restèrent dubitatifs devant les propos du commandant des pompiers. Il avait certainement raison. Bon Dieu, que s'était-il passé en fin de matinée, dimanche dernier ? Assis dans la voiture, Phil venait d'allumer son micro-ordinateur portable.

— Reprenons ce que nous savons sur le parcours de Jean-Baptiste Castellin ! proposa François. A priori, il ne fait aucun doute pour personne qu'il ait quitté son domicile le matin. Il a été vu par Le Stéphanois. Ensuite, Dédé et Odile l'ont vu prendre son bateau. Il est bien arrivé en fin de matinée près du pont de la route de Spézet. Le consommateur du bar témoigne l'avoir vu amarrer son bateau. Parmi ces témoins quelqu'un a-t-il intérêt à modifier la réalité ? Tout au plus Le Stéphanois, pour les raisons que nous pouvons deviner, quant aux autres ? Non ! Bon, il nous faut reprendre le témoignage de madame Le Gall. Je téléphone au Centre Hospitalier de Carhaix.

Madame Le Gall s'y trouvait toujours. Le médecin-chef du service confirma qu'elle était très choquée, qu'il la gardait en observation quelques jours mais qu'elle pouvait recevoir une visite et devait pouvoir répondre à des questions.

Ils quittèrent Châteauneuf-du-Faou pour rejoindre l'axe Châteaulin-Carhaix, la N 787.

Cette voie était en pleine refonte pour devenir bientôt un outil majeur de communication du centre-Bretagne. En passant, ils remarquèrent à un moment l'écluse de Pont Triffen où l'Aulne se jette dans le canal.

François en profita pour rappeler à Phil qu'il s'agissait de l'endroit où se trouvait la Maison du Canal.

Sur les hauteurs, vers Cléden-Poher, ils distinguèrent, très loin sur la gauche, des éoliennes qui tournaient au ralenti.

Puis le bassin du Poher s'offrit à leur vue avec, toujours sur leur gauche, la ville de Carhaix. La nationale rénovée s'arrêtait aux constructions de ponts en cours. Ils descendirent sur la route de Gourin pour prendre la direction de Carhaix. À l'entrée de la ville, le Centre Hospitalier se dressait sur la droite. Ils s'engagèrent sur le parking de l'établissement.

Madame Le Gall occupait une chambre seule. À

la vue des officiers de police à la porte de sa chambre, son visage se crispa. Elle se mit à pleurer en marmonnant :

— Ne me dites pas que vous venez de le retrouver dans le canal…

— Non, Madame, nous n'avons aucune nouvelle. Les recherches se sont avérées vaines pour l'instant. Comment vous sentez-vous ?

— Avec tous les calmants qu'ils m'ont collés, ça va, mais j'ai beau y réfléchir, je n'y comprends rien… Je ne réalise pas du tout ce qui a pu se passer.

— C'est ce que nous recherchons, Madame. Mais, au fait, comment faites-vous pour votre chien ?

— J'ai téléphoné à mes voisins, Célestine et son mari, un couple de retraités. Ils ont toujours les clefs de chez moi et, inversement, en cas d'absence. Ils sont venus le chercher et ils s'en occupent ainsi que de l'arrosage de mes fleurs…

— Très bien. Nous allons devoir vous poser quelques questions pour compléter nos investigations. Pouvez-vous nous donner votre état civil ?

— Oui, bien sûr, voici ma carte d'identité et mon numéro de sécurité sociale. Marie-Joséphine Le Gall, mais tout le monde m'appelle Marie-Jo, célibataire, je suis née en 1950 à Brest. Mais j'ai toujours vécu à Paris depuis l'âge d'un an. Mon père travaillait dans l'automobile chez Renault, ma mère faisait des ménages. Ils sont décédés depuis longtemps.

— Quel âge aviez-vous ?

— Une vingtaine d'années, je les ai perdus, tous les deux la même année d'ailleurs.

— Poursuiviez-vous vos études ?

— Non. Mes études se sont arrêtées au BEPC et puis, rapidement, je suis entrée dans la vie active. J'ai occupé un premier emploi de serveuse en apprentissage dans un bar. Puis, plus tard, d'hôtesse dans un bar de nuit de luxe. J'étais plutôt belle et débrouillarde. Fille unique, mes parents m'ont eue sur le tard. J'ai vendu leur appartement et je me suis acheté un bar dont j'ai bien développé l'activité. Puis, quelques années plus tard, je l'ai vendu pour acheter un bar de nuit. Là, j'ai gagné beaucoup d'argent, mais en travaillant sept jours sur sept, tout le temps, pendant des années. Je me suis lancée dans l'achat d'appartements. Tous mes biens immobiliers ont pris de la valeur. Ces dernières années, le métier étant devenu trop compliqué, trop risqué aussi, avec toutes ces affaires de drogue et de racket… j'ai tout vendu et je suis venue m'installer où vous savez.

— Pourquoi à cet endroit ?

— J'y étais venue me reposer, quelques années auparavant, lorsque j'avais fait mon premier coup de fatigue et de déprime. Je ne voulais pas aller à Brest, je cherchais quelque chose dans le Sud-Finistère. J'étais tombée amoureuse du coin. J'aurais voulu acheter une maison d'écluse, mais il n'y en avait pas à vendre. Aujourd'hui, à la réflexion, heureusement, car, avec le développement du tourisme, j'aurais perdu ma tranquillité. Je suis très bien en retrait du canal, sans en être très loin. J'ai assez d'argent pour vivre jusqu'à la fin de mes jours… J'aime le coin, j'aime Carhaix, ici les gens sont authentiques et tellement gentils, pour rien au monde je ne voudrais aller vivre ailleurs à présent.

— Pouvez-vous nous parler de votre rencontre avec Jean-Baptiste Castellin ?

— C'est un homme merveilleux, sympathique, agréable, avenant, distingué. Ses yeux brillèrent quelques instants en évoquant ces images positives. Je lisais sur la table près de laquelle nous nous sommes arrêtés hier, cela fait un peu plus de trois ans, quand il est venu amarrer son bateau. Nous nous sommes salués, il s'est mis à pêcher sur le quai, puis nous avons parlé. Nous nous sommes séparés en fin de journée nous promettant de nous revoir au même endroit deux semaines après. Nous avons alors fait plus ample connaissance.

— Qu'entendez-vous par là ?

— Rien, simplement en conversant. Il m'a alors confié qu'il était en instance de divorce. Je lui ai toujours caché ma vie de bar de nuit sur Paris, lui indiquant seulement que j'avais été chef d'entreprise et que j'avais vendu mes affaires pour me retirer ici et chercher la paix et le calme.

— Pourquoi lui avoir caché votre véritable métier ?

— En évoquant la vie nocturne parisienne… les bars… j'avais peur de le décevoir. Je ne voulais pas le voir partir. Il me plaisait et je voulais tourner la page et, qui sait… vivre une autre vie. Nous sommes tombés amoureux l'un de l'autre dès le départ. Puis il a divorcé et nous étions totalement libres.

— Envisagiez-vous de vous marier ?

— Non, pas du tout, ni même de vivre ensemble tout le temps, dans la même maison. Nous étions convenus de conserver notre domicile respectif mais de nous voir à notre guise. Nous étions tous les deux très heureux de cette situation. De ce fait, il ne m'a jamais rien demandé de précis sur mon passé et moi, je ne lui ai jamais posé de questions non plus. Notre objectif à tous les deux était *carpe diem* – mets à profit le jour présent !

— Qu'avez-vous fait dimanche en fin de matinée ?

— Comme je n'avais pas de nouvelles de Jean-Bat, je suis restée à la maison toute la matinée. Vers midi, mes amis, voisins les plus proches, Célestine et son époux, ceux qui gardent mon chien en ce moment, m'ont téléphoné pour m'inviter à déjeuner à Carhaix. Ils m'ont emmenée dans leur voiture et nous sommes allés à la crêperie du centre-ville. Nous sommes revenus vers quinze heures. Nous avons pris le café chez eux, sous leur tonnelle, en rentrant. Il faisait si beau !

— Et vous n'avez pas pensé aller jusqu'au quai, le long du canal ?

— Non, pas un instant. Jean-Bat m'appelle toujours quand il est près d'arriver. Comme la veille son ex-épouse devait venir pour une histoire de vente de bien immobilier, pas question pour moi de le relancer.

— Connaissez-vous son ex-épouse ?

— Non.

— N'avez-vous pas craint un moment qu'il reparte vivre avec elle ?

— Pas un risque sur des millions ! Elle est sèche comme un coup de trique, craque un fric fou dans des "conneries", permettez-moi l'expression, et, par ailleurs, même quand on la chatouille, elle ne rigole pas !

— Comment pouvez-vous dire cela, si vous ne l'avez jamais rencontrée ?

— Jean-Bat m'en a suffisamment parlé !

— Comment monsieur Castellin se comporte-t-il avec votre chien ?

— Avec mon chien ?

— Oui, quelle attitude a-t-il ?

— Il l'adore. Il faut dire que Jedï est extraordinaire, débordant d'affection. Il n'aboie jamais, sauf quand il entend la sonnerie de la porte d'entrée et celle du téléphone, c'est tout !

— Connaissez-vous les relations de monsieur Castellin avec son voisinage ?

— Oui, il a affaire à des rustres, des sans-gêne, des types un peu fêlés que les longues années d'armée à l'étranger n'ont pas dû arranger !

— Les connaissez-vous ?

— Non, mais Jean-Bat m'en a assez parlé. Supporteriez-vous l'aboiement de dizaines de chiens à longueur de journée, à cent mètres de chez vous, tout le temps, y compris même parfois la nuit, quand un renard vient rôder à proximité ? Moi pas, je trouve cela insupportable…

— Bien, Madame, nous allons vous laisser vous reposer. Nous vous tiendrons informée. Une dernière question, savez-vous si quelqu'un pouvait lui en vouloir ?

— Lui en vouloir ? Cela veut-il dire que votre enquête évolue vers un meurtre ?

— Non, trop tôt pour le dire. Nous devons tout envisager. Savez-vous s'il souffre de problème cardiaque ou autre, a-t-il déjà eu un malaise en votre présence ?

— Non, jamais… mais vous m'inquiétez par votre question précédente… Un meurtre ? Non, ce n'est pas possible…

— Toujours pour faire le tour, croyez-vous monsieur Castellin capable de disparaître dans la nature, sans raison ou avec raison, sans donner de ses nouvelles ?

— Non, complètement impossible. Tout d'abord, il est de la région, puisqu'il est né à Châteaulin. Il ne passe pas un seul jour sans m'appeler et puis sa maison, son jardin, le canal, son bateau, notre vie, tout le retient ici. Il y est bien, même avec les parasites qui l'entourent, si vous voyez ce que je veux dire ?

Ils revinrent abasourdis à leur voiture. Voilà que Jean-Baptiste Castellin offrait deux visages diamétralement opposés.

D'un côté, selon l'épouse et les voisins : un type cynique, méchant, pervers, vicieux, lâche. De l'autre, selon son amie : un homme doux, charmant, auprès duquel il faisait bon vivre ! Il apparaissait clairement que Marie-Jo était follement amoureuse de Castellin au point qu'il lui avait fait accepter toutes les descriptions de son entourage comme une réalité indiscutable. Et Marie-Jo n'imaginait pas d'autre version possible.

Ils se dirigèrent vers la crêperie du centre-ville. Ils se firent confirmer que Marie-Jo était bien venue manger des crêpes avec ses voisins. La patronne connaissait très bien ces habitués. Ils étaient bien repartis peu après quatorze heures trente. Ils en profitèrent pour se renseigner sur le taxi Muriel. La commerçante précisa :

— Le nom, est Muriel Taxi en réalité. Il s'agit d'une jeune femme bien courageuse qui élève ses deux fils seule et ne ménage pas sa peine pour s'en sortir. Elle est non seulement bien connue sur Carhaix mais également très appréciée.

Ils trouvèrent, sans difficulté, le bureau de Muriel Taxi.

Une Mercedes était garée juste devant, aux couleurs et à l'enseigne de l'activité. Les officiers de police se présentèrent.

À peine furent-ils entrés et assis dans le bureau que Muriel s'exprima la première :

— Vous venez pour le Jean-Bat à Marie-Jo ? Quelle affaire !

— Ah, et que savez-vous ?

— Je trimballe du monde toute la journée à travers tout le canton : le bavardage et le colportage des bruits de quartier, c'est pire que chez le coiffeur ! Ce que j'ai entendu, c'est que le copain de Marie-Jo serait tombé dans l'eau, de son bateau, et que les pompiers sont en train de le rechercher, c'est bien ça ?

— Oui, peut-être, nous ne savons pas encore… Je vois que les nouvelles vont vite, mais tant qu'on ne l'aura pas retrouvé…

— Bien sûr, il faut attendre.

— Vous les avez transportés plusieurs fois, n'est-ce pas ?

— Oui, effectivement, à chaque fois qu'ils viennent en ville avec l'intention de faire un peu la fête, sans se priver ! Ils ont raison, c'est plus prudent. Il m'est arrivé parfois de les ramener, ils en tenaient une bonne !

— Quand les avez-vous ramenés pour la dernière fois ?

— Pour les Vieilles Charrues. C'est le festival le plus important de Bretagne, qu'est-ce que je dis, de France ! Savez-vous qu'ils ont enregistré cent soixante-deux mille entrées payantes cette année ?

— En effet ! Nous le savons…

— Alors, dans ce cas-là vaut mieux m'appeler plutôt que de venir avec sa voiture. Cette année, nous avons eu peur des intermittents du spectacle, car si le festival des Vieilles Charrues n'avait pas eu lieu, cela aurait été une catastrophe pour la ville et pour toutes les associations. Mais tout s'est bien passé. Je peux vous dire que je n'ai jamais si bien travaillé depuis que je suis installée !

— Tant mieux. Quel est votre avis sur madame Le Gall ?

— Marie-Jo ? C'est une femme géniale, humeur constante, superbe, le cœur sur la main, jamais un mot plus haut que l'autre et pas avare…

— Et sur monsieur Castellin ?

— Lui, c'est autre chose. Je ne sais pas comment vous dire. Parfois, il est super sympa, rien à dire…

— Et d'autres fois ?

— Il n'est pas toujours bien malin. Un soir, il avait un peu bu, juste à côté, dans le bar, il y avait quelques jeunes qui parlaient en breton entre eux. Ils ne s'occupaient de personne et surtout pas de lui. Des gars sympathiques que je connais bien. Ils sont très gentils. Ils donnent des cours à l'école Diwan. Je vous raconte ça, mais c'est la patronne du bar qui me l'a dit. Sans raison, Castellin s'est levé, s'est mis en colère ; à l'intention des jeunes il a crié : « Les bretonnants sont tous des cons, je les emm… tous ! » et a poursuivi par des tas d'autres insanités.

— Est-ce parce qu'ils parlaient breton ?

— Personne n'a compris ce qui lui a pris. Il y avait deux costauds au bar. L'un l'a saisi pour le mettre dehors et l'autre lui a donné un coup de boule… Le Castellin, je peux vous dire qu'il ne savait plus où il habitait quand je suis arrivée ! Son nez saignait et Marie-Jo, toujours aussi gentille, lui mettait des compresses et tentait de le raisonner. Elle était visiblement contrariée par le comportement de Jean-Bat. Je les ai ramenés chez elle et, dans la voiture, je me suis dit que ce type ne devait pas toujours être très net. À l'écouter, tous les autres sont des imbéciles. Il serait prêt à jeter tout le monde dans le canal ! Moi, je me méfie de lui. Je pense qu'il doit être méchant dans le fond. J'ai toujours évité les discussions avec lui.

— Quand vous dites que vous vous méfiez de lui, que voulez-vous dire ?

— Je ne lui dis que le strict minimum, quelques banalités. Je ressens chez cet homme… comme s'il avait toujours du mal dans la tête… je ne sais pas comment vous le dire. Est-ce que vous me comprenez ?

Son visage s'était assombri, durci même, comme si elle le craignait.

— Derrière son sourire, je me demande toujours ce qu'il dissimule. Ce qui n'est pas le cas de Marie-Jo…

Au simple fait de prononcer ce prénom, Muriel retrouva le sourire.

Phil et François la quittèrent pour rentrer à Quimper. Ils parlèrent aussitôt du dernier entretien. Phil commença.

— Très psychologue, la Muriel du taxi. Elle a vite fait de voir à qui elle a affaire.

— Oui, c'est justement ce que je pensais. Marie-Jo s'est attachée au sieur Castellin, elle va donc le couvrir, l'idéaliser. En dehors de cette femme, ce type n'est pas très apprécié. Le fond est mauvais, visiblement… Je le sens plus près du descriptif de sa femme et de ses voisins que de celui de son amie.

— Oui, je partage ton avis…

— Je ne serais pas surpris de découvrir que quelqu'un lui aurait fait sa fête !

— Pour cela, il faudrait déjà le retrouver !

Ils décidèrent de repasser par Châteauneuf-du-Faou pour revoir les pompiers. Malgré la fin de la journée, la chaleur restait difficile à supporter. À la radio, il était de plus en plus question de sécheresse dans de nombreuses régions de France. Pour l'instant, la Bretagne n'était pas touchée. Des incendies se déclenchaient un peu partout dans le Sud. Arrivés devant le bar du port, ils décidèrent de faire une étape chez Odile prendre une bonne bière fraîche du pays. Toujours aussi accueillante, elle dit :

— Alors François, vous ne nous aviez pas raconté la drôle d'histoire ! Pour une fois qu'il se passe quelque chose d'extraordinaire dans le coin…

— Quelle drôle d'histoire ?

— Eh ben, vous savez bien ! Le Castellin qui est tombé dans l'eau et que les pompiers n'arrivent pas à retrouver ! Où en êtes-vous ?

— Oui, drôle d'histoire en effet ! Servez-nous une bonne bière bien fraîche !

— Coreff ?

— Oui, parfait !

Ils tentèrent bien de faire parler Odile et son mari, mais le degré d'information semblait être le même partout. Tout le monde attendait l'issue… Avant d'aller à la rencontre des pompiers, ils se rendirent à la base fluviale de Penn-ar-Pont. Le gérant les accueillit très aimablement. Son épouse vint lui prêter main forte pour répertorier toutes les allées et venues effectuées par les embarcations qui étaient remontés vers Lanmeur. Pas de doute, les écluses avaient été actionnées à de nombreuses reprises. À la question : le corps d'un homme a-t-il pu passer au moment de l'ouverture ou de la fermeture ? la réponse fut claire et formelle.

— L'ouverture et la fermeture se font par les vacanciers eux-mêmes. Il a fait très beau, pas la moindre averse depuis dimanche. C'est un spectacle et un amusement que de tourner le mécanisme pour ouvrir et fermer l'écluse. À chaque passage, nombreuses sont les personnes qui regardent l'eau entrer ou s'évacuer. La profondeur n'est pas très importante. Le corps d'un homme ne peut pas passer inaperçu. Nous ne sommes pas sur les immenses canaux de la

Volga en Russie ! Pas de cargos de cent mètres et plus ! Ni de décrochements de vingt ou trente mètres ! Dans ce cas-là, d'accord, le corps d'un homme est un fétu de paille. Ici, c'est du canal miniature, de la plaisance, des bateaux qui ont très peu de jauge. Si vous n'avez pas retrouvé le corps dans le premier bassin, au pire dans le deuxième, il faut chercher ailleurs que dans le canal !

Ils restèrent parler avec ce couple sympathique qui s'investissait avec passion pour maintenir cette activité de plaisance. Un groupe de jeunes vint s'installer aux tables disposées au bord de l'eau et l'épouse se dirigea vers son fourgon aménagé pour prendre son carnet et enregistrer la commande.

Ils repassèrent le cours du canal pour rejoindre le chemin de halage et retrouvèrent les pompiers en discussion. Le commandant vint à leur rencontre.

— Nous avons inspecté un autre bassin, toujours rien. Le corps n'est pas dans le canal, si noyé il y a ! Est-ce que vous êtes sûr que l'homme est tombé à l'eau ?

— Non. Aucune preuve.

— Et si votre type était simplement parti faire la fête ?

— En laissant son bateau, sa voiture et sa maison comme s'il allait revenir et en se déplaçant à pied ?

— Quelqu'un est venu le chercher, peut-être….

— Oui… pourquoi pas ? Je vais vous dire une bêtise… mais êtes-vous allé voir plus haut que

Lanmeur ? Je sais bien qu'un corps ne se déplace pas à contre-courant, mais si une main criminelle l'y avait aidé ?

— Figurez-vous que j'y ai pensé ! Cet après-midi, avec deux gars, nous sommes allés voir plus haut. Il s'avère que Lanmeur et la suivante, l'écluse deux cent-treize, Rosily, ainsi que l'autre, la deux cent-douze, Méros, sont en cours de travaux de réhabilitation et les bassins ne sont pas en eau, tout juste vingt ou trente centimètres ! Alors aucun risque d'y cacher quelqu'un, nous avons tout fouillé, tout de même. Rien !

Le commandant annonça que ses plongeurs terminaient d'inspecter la dernière écluse et qu'ensuite, il faisait interrompre les recherches. Phil et François comprenaient. François proposa, avant de rentrer, d'y faire aussi un saut juste pour constater et préciser dans le rapport que les bassins n'étaient pas en eau à ces deux écluses. Phil l'interrogea sur ces deux noms d'écluse, Rosily et Méros.

— Il faut savoir qu'à Châteauneuf-du-Faou la famille Rosily ou seigneurie de Rosily-Méros est très connue. Elle possédait une prééminence à la chapelle du Moustoir qui se trouve tout près de l'écluse du même nom. Cette superbe chapelle a été remaniée à plusieurs époques, une partie date du XIVe siècle, une autre du XVe et le chevet du XVIe. La flèche, foudroyée au XIXe, n'a pas été reconstruite. Actuellement, c'est l'association "*Mibien Ar Mein Koz*", ce qui signifie : les fils des vieilles pierres, qui la réhabilite. Si tu viens passer un week-end dans le coin, va y faire un tour.

— Plus je découvre ce coin et plus j'ai envie d'y venir avec ma famille !

— Pour en revenir à la seigneurie de Rosily-Méros, elle a connu un parcours hors du commun. En 1706, un membre de la famille est baptisé à la chapelle du Moustoir et deviendra commandant de la Marine à Brest, il transmettra la vocation maritime à son fils qui deviendra enseigne de vaisseau en 1771 et participe, sous le commandement de l'amiral de Kerguelen, à l'exploration du continent austral puis à d'importants combats contre l'Angleterre. Il est décoré Croix de Saint Louis par Louis XVI et nommé capitaine de vaisseau et contre-amiral par le pouvoir révolutionnaire de 1793 ! Destitué puis réintégré à la mort de Robespierre, le Directoire lui offre le poste de Ministre de la Marine. Il refuse ! Napoléon lui confie des missions importantes comme celle de remplacer l'amiral de Villeneuve qui fut défait à la bataille de Trafalgar. Je passe sur tous les détails pour en arriver au fait que l'Empereur Napoléon lui propose le portefeuille de Ministre de la Marine… Pour la seconde fois, il refuse ! Il se consacrera jusqu'à sa mort, en 1832, à l'organisation du corps des ingénieurs hydrographes de la Marine.

— Étonnant, en effet, cet homme qui aura connu la reconnaissance du Roi, des révolutionnaires et de l'Empereur… je comprends que des écluses portent son nom.

Après avoir constaté les dires du commandant des pompiers, Phil et François convinrent qu'ils devaient reprendre le dossier à zéro et surtout approfondir l'enquête sur l'environnement de Jean-Baptiste Castellin. Avant d'emprunter la route de Quimper, François proposa à Phil un autre itinéraire.

— Nous allons passer dans les lieux sacrés de ma jeunesse et de la fièvre du samedi soir !

— Que veux-tu dire ? Que tu vas me refaire un autre cours d'histoire ?

— Non, pas d'histoire de France, mais un peu de "MON" histoire ! Nous allons monter vers le Château de Trévarez, le contourner pour aller vers Laz et nous allons passer juste devant le dancing que je fréquentais tous les week-ends quand j'étais jeune. C'était un haut lieu de rassemblement de la jeunesse. Les jeunes venaient de très loin et il n'était pas question de drogue ni de toutes ces saloperies, tout au plus, un excès de bière ou de whisky-coca, mais quand on s'apercevait qu'un copain avait un coup de trop, on le mettait à l'arrière de la voiture pour roupiller et tout se passait bien ! On s'amusait bien !

— Vous draguiez bien, aussi, j'imagine ?

— Et comment !

Quelques instants après, François se mit à rouler au pas en passant devant le dancing "Le point de vue", Phil dévisagea François avec intensité, il ne faisait pas de doute que le souvenir des soirées chaudes illuminait encore son regard, quant à lui, il ne ressentait rien de particulier devant ce bâtiment… et pour cause.

Ils traversèrent Trégourez avant d'arriver à Coray. Au carrefour, Phil remarqua la direction de Scaër et ils évoquèrent l'affaire Le Louarn* tout au long de la route qui les ramenait à Quimper.

*Voir *La Belle Scaëroise* – même collection, même auteur.

VIII

Jeudi 31 juillet.

Le mois venait de passer et, avec lui déjà, la moitié de la saison d'été. La chaleur restait caniculaire. La France entière avait de plus en plus soif. Partout les records tombaient : ici, quarante degrés ; là, quarante et un degrés. « Pourvu que ces conditions exceptionnelles ne se transforment pas en catastrophe », entendait-on un peu partout. Les journaux, les radios et les télévisions s'inquiétaient des conséquences sur la santé des personnes fragiles. Cette situation excitait les hommes politiques toujours prêts à en découdre…

Les bureaux de François et de Phil ignoraient la climatisation, tout autant que celui du patron, Yann Le Godarec. Passé dix heures, il devenait plus difficile de travailler. Ils avaient bien bricolé une ventilation, mais celle-ci ne faisait que brasser de l'air, sans rafraîchir vraiment. Impossible de trouver le moindre matériel en ville, les magasins avaient été dévalisés depuis plusieurs jours déjà. La météo annonçait un mois d'août encore plus chaud. Même dans le Sud-Finistère, ces conditions devenaient insupportables…

Yann Le Godarec, au vu des procès-verbaux concernant l'affaire Castellin, constata que le mystère demeurait entier. Plus question à présent de rester tourner sur place, il fallait passer à la vitesse supérieure.

Il somma Phil et François de reprendre les textes de lois et les circulaires concernant les disparitions et de faire le nécessaire vis-à-vis des médias et des divers services de police. De son côté, il voyait avec le procureur pour mettre la gendarmerie de Châteauneuf-du-Faou dans le coup, afin d'approfondir les enquêtes de voisinage, que ce soit vers le domicile du disparu ou vers l'amarrage du bateau.

Phil et François regagnèrent leur bureau, conscients de la tâche qui les attendait. Rapidement, ils se répartirent les rôles. Phil s'isola dans un petit bureau, au calme, pour éplucher les textes relatifs à une disparition de personne. Il commença par l'article 26 de la loi n° 95-73 du 21 janvier 1995, puis reprit dans le détail la circulaire n° 02-21 du 23 janvier 2002 du Ministre de l'Intérieur dont l'objet était l'amélioration du dispositif de recherches en cas de disparition inquiétante.

Le texte distinguait deux situations : le cas où cette disparition est obligatoirement inquiétante et celui où elle peut revêtir un caractère inquiétant en fonction des circonstances dans lesquelles elle est survenue.

En l'état actuel, les premières recherches avaient été entamées. La gendarmerie développerait sur place les enquêtes de voisinage. Le travail devenait plus efficace depuis que les deux corps, police et gendarmerie, travaillaient de façon conjointe. Phil décida de prendre contact avec le notaire de madame Le Brizac à Rennes et avec l'entreprise qui avait été le dernier employeur de Castellin dans la région de Rennes.

De son côté, François avait pris en charge les relations avec les médias, ce qui évitait tout dérapage par rapport à la réalité. Il les contacta, pour traiter quatre domaines d'intervention : un, expliquer l'action de la police et de la gendarmerie, deux, apaiser les inquiétudes de l'opinion publique, trois, encourager l'esprit civique et inciter les citoyens à l'apport de témoignages, quatre, publier la photo et le signalement de Jean-Baptiste Castellin. Rien ne devait être improvisé dans les informations communiquées. Bien entendu, les conclusions reprenaient la phrase sibylline habituelle, « Tous les moyens sont mis en œuvre, etc… ».

Ce travail réalisé, François devait travailler les communications aux services de la police, notamment à la Police Technique et Scientifique, afin de transmettre les caractéristiques de Jean-Baptiste Castellin et les photos pour enregistrement au Fichier des Personnes Recherchées (FPR) pour une diffusion inter-régionale urgente du ressort du SRPJ et des

SRPJ limitrophes. Il décida de différer pour l'instant la diffusion au Service de Coopération Technique Internationale de Police (SCTIP).

Il restait à engager des démarches pour avoir connaissance des opérations bancaires de Jean-Baptiste Castellin : vérifier ses comptes, l'utilisation de sa carte, du chéquier, examiner s'il avait réalisé une opération importante récemment… Il lança cette requête.

Ils terminèrent leurs charges administratives au même moment. Une fois disponibles, ils prirent la direction de Rennes pour rencontrer le notaire puis l'entreprise, dernier employeur du disparu. La chaleur devenait suffocante dans leur véhicule de service, plus de trente degrés en permanence.

L'épouse de François avait préparé une glacière avec plusieurs bouteilles d'eau minérale. Elle fut très appréciée.

Ils se rendirent d'abord chez le notaire chargé de la vente dont avait parlé madame Le Brizac, ex-épouse Castellin. L'étude offrait une image moderne du métier. Le notaire en personne les accueillit et les installa dans son bureau climatisé et très confortable.

— Madame Le Brizac m'a bien remis mardi un mandat de vente signé, en date de samedi dernier, par monsieur Castellin et elle-même, pour un bien immobilier acheté en commun dans le cadre de la loi Périssol, il y a un peu plus de neuf ans.

— Existe-t-il des dispositions particulières pour cette opération ?

— À ma connaissance aucune, mais je n'avais pas traité cet achat, j'ai donc demandé à mon confrère de me faire parvenir le dossier. De même, j'ai demandé à la banque le décompte concernant le prêt afférent à cet achat et les caractéristiques du crédit et des garanties. Bien entendu, j'ai engagé les demandes habituelles d'éléments concernant le cadastre, la conservation des hypothèques, le droit de préemption de la ville… bref, les démarches de routine. Je n'ai pour l'instant rien reçu. Il faut compter trois semaines à un mois avant de pouvoir tout rassembler. Au vu de toutes les pièces, je pourrai vous dire alors s'il y a un problème ou non. Pourquoi ? Que se passe-t-il ?

— Monsieur Castellin a disparu. Nous le recherchons. Vous voudrez bien nous faire connaître le résultat de vos démarches administratives dès que possible et, bien entendu, ne pas procéder à la vente, sans nous consulter, sauf si nous avons retrouvé monsieur Castellin, vivant et sain de corps et d'esprit. Voici notre carte de visite avec les numéros de téléphone où vous pourrez nous joindre.

— Cela va de soi ! Il devra intervenir à l'acte de vente de toute façon. Dès que je serai en possession des éléments, je ne manquerai pas de vous avertir.

Ils eurent juste le temps d'avaler un casse-croûte pour se présenter vers treize heures trente devant la barrière d'accès à l'entreprise de commercialisation de produits chimiques et d'entretien. Pendant que le gardien enregistrait leur identité, ils avaient tout loisir de découvrir le siège social, imposant bâtiment de béton, de métal et de verre, installé dans un immense parc. Les pelouses souffraient de la sécheresse tout autant que les arbres dont les feuilles commençaient à se recroqueviller. Des grilles métalliques vertes clôturaient cet espace.

Le gardien revint leur apporter des cartes qui leur permettaient l'accès dans l'enceinte. Les visiteurs étaient invités à se garer sur un parking devant le centre administratif tandis que les camions de livraison et d'embarquement devaient suivre un fléchage en direction des entrepôts situés derrière l'ensemble immobilier.

Un grand hall d'accueil lumineux offrait, enfin, aux deux arrivants la fraîcheur de la climatisation, de nature à leur permettre de récupérer de leur voyage en voiture.

Le Président-Directeur Général étant absent, il était convenu qu'ils rencontreraient le Directeur des Ressources Humaines. L'homme d'une cinquantaine d'années, sous une apparente jovialité, paraissait sur la défensive et peu rassuré par la démarche des officiers de police judiciaire. Les civilités et présentations accomplies, François intervint :

— Parlez-nous de Jean-Baptiste Castellin...

— C'était un collègue au sein de l'équipe de direction. Fonction qu'il a exercée une dizaine d'années avant de partir, il y a trois ans, dans le cadre d'un protocole de préretraite. Natif de Châteaulin, il s'est retiré définitivement dans le Sud-Finistère, non loin de son lieu de naissance.

— En quoi consistait son travail ?

— Il avait en charge le commercial de l'entreprise, c'est-à-dire les ventes effectuées dans le grand Ouest sur six départements, soit un peu plus que la région administrative Bretagne. Il avait des responsables départementaux sous ses ordres qui, eux-mêmes, dirigeaient des magasins de vente de nos produits auprès des particuliers, des petites entreprises et des entreprises industrielles.

— Comment était-il apprécié par sa hiérarchie ?

— Plutôt bien…

— Plutôt bien, veut-il dire pour vous : assez bien, bien, très bien ?

— Très bien.

— Et par ses subordonnés ?

— Ça allait.

— Écoutez, Monsieur, vous avez sans doute l'habitude des négociations avec le personnel et la maîtrise des formules vagues, aussi je vous demanderai de faire un effort pour être plus précis.

— Quand on dirige un groupe de commerciaux, cadres supérieurs, cadres, techniciens et employés, nécessairement, il y a des personnes avec qui ça passe et d'autres moins…

— Moins ou avec lesquels les rapports sont plus difficiles voire conflictuels ? Nous détenons des informations précisant qu'il s'agit d'un homme plutôt dur, est-ce votre avis ?

— Je dirais plutôt, exigeant !

Tout l'entretien suivant se déroula sur des propos passe-partout, évitant systématiquement les précisions comme s'il cherchait à protéger son ancien collègue et à endormir la vigilance des policiers. Ceci exaspéra Phil qui décida brutalement de demander à rencontrer le ou les représentants des partenaires sociaux de l'entreprise. Visiblement, cette demande contrariait le DRH. Celui-ci tenta d'éviter cet entretien en proposant de répondre à toutes les questions qu'ils souhaitaient poser. Phil et François déclinèrent l'offre, ayant bien compris depuis le début qu'il n'y avait rien à retirer de cet homme. Il proposa alors de les accompagner et d'assister à l'entretien. Phil se montra alors ferme et catégorique. Il était hors de question qu'il soit présent et, s'il ne pouvait rencontrer les représentants des partenaires sociaux, il se verrait contraint de les convoquer dans les locaux de la police pour être entendus. Cette fois, devant la fermeté du ton, le DRH obtempéra et demanda à sa secrétaire d'accompagner les officiers de police judiciaire jusqu'aux locaux réservés aux syndicats.

Le rendez-vous n'étant pas prévu, un seul représentant était présent. Fort heureusement, il s'agissait du syndicat majoritaire dans l'entreprise.

L'homme fut surpris de cette intrusion et se montra d'abord sur la défensive, s'assurant de l'identité des officiers de police en consultant attentivement leur carte professionnelle. François précisa le sens de leur démarche et le cadre de celle-ci.

L'homme se détendit et sourit en faisant un peu d'humour sur le fait qu'il était rare qu'on vienne le voir pour avoir des informations sur la direction ! Il parut rassuré et détendu puis se dit prêt à répondre aux questions.

— Votre DRH vient de nous dire que Jean-Baptiste Castellin fut cadre dirigeant chargé du commercial pendant une dizaine d'années dans l'entreprise. Pouvez-vous nous dire quels étaient ses rapports avec le personnel ?

— Je dois commencer par vous dire qu'ils n'étaient pas bons. D'un abord a priori sympathique, cette apparence cachait en réalité un individu pervers, vicieux, lâche dans son comportement et ses démarches. Il restait en permanence à l'affût pour "descendre" quelqu'un, si vous me permettez cette expression.

— Pouvez-vous nous expliquer cela et nous donner des exemples ?

— Bien entendu. Ce type était capable de débarquer dans n'importe quel magasin et de faire parler le personnel pour l'amener à "défoncer" tel ou tel collègue, chef de point de vente, de rayon ou autre. Pour cela, il choisissait des salariés faibles ou des nouvelles recrues… De la même manière, lors de réunion de lancement de produits nouveaux ou d'actions commerciales d'envergure, il utilisait le même stratagème. Il était pire encore lors de pots offerts en diverses occasions… S'il fallait le qualifier en un mot, je dirais que c'était un "pourri" !

— Votre langage, s'il n'est pas châtié, a l'avantage d'être clair au moins ! Mais, pourquoi le Président-Directeur Général le laissait faire ?

— Il n'ignorait rien, mais tant que ça l'arrangeait… Si j'avais été informé de votre visite, je vous aurais sorti quelques-uns de nos vieux tracts syndicaux où nous dénoncions cette pression et ce comportement.

— Je n'arrive pas à comprendre qu'un tel individu puisse tenir aussi longtemps dans son poste avec cette attitude…

— Si, Messieurs, c'est, en fait, très simple. La direction de cette entreprise est autocratique, l'équipe de direction est muselée et un type comme Castellin est capable de tout. Tenez, pour vous donner une image, j'en référerai à la dernière guerre mondiale. Cet individu aurait fait partie de la Gestapo et, n'aurait pas hésité une seconde à descendre des tas de personnes, simplement pour satisfaire le plaisir de son chef et, si celui-ci lui avait dit qu'il fallait en abattre deux, Castellin en aurait abattu quatre !

— Je suis complètement abasourdi par vos propos. Pensez-vous que ce type de situation puisse exister dans de nombreuses entreprises privées ?

— Bien plus que vous ne l'imaginez. La pression exercée sur les collaborateurs est de plus en plus forte. Vous n'ignorez pas que le monde des entreprises préfère les chiffres aux lettres et cette folie des chiffres menace de nous faire chavirer dans le chaos ! Il faut faire produire à tout va le personnel, tant pis si ça casse et tant mieux si le type tombe malade, c'est toujours moins cher qu'un licenciement !

— Arrêtez ! Vous ne croyez pas que vous exagérez ?

— Hélas non ! Je suis très en dessous de la réalité. Mais ce n'est pas vrai dans toutes les entreprises. Il en existe heureusement où l'homme peut encore travailler dans le respect et être reconnu comme force vive.

— Tout de même, vous avez les médecins du travail, les inspecteurs du travail et que sais-je encore…

— Effectivement. Mais, concrètement, comment se passent les choses ? Le médecin du travail va faire son commentaire en réunion du Comité d'Hygiène, de Santé et des Conditions de Travail, le fameux CHSCT, et après ? Rien ! Il ne se passe rien ! L'inspecteur du travail va intervenir sur les cas qui lui remontent. Et après ? Rien non plus ! Il faut savoir que les lois sur le harcèlement sont très rarement, voire exceptionnellement, mises en application. Pas une fois sur mille cas, à l'heure actuelle en France ! Contrairement à ce que vous pouvez croire, vu de l'extérieur. Je peux vous dire que le champagne a coulé à flots dans l'arrière des magasins quand le fameux Castellin a été mis à la préretraite !

— Très bien… nous vous avons compris… Il existe pourtant une loi sur le harcèlement au travail, non ?

— Complètement inadaptable pour un salarié dans une entreprise. Le salarié est fichu d'avance s'il se lance seul dans ce type de procédure. D'ailleurs, les cas sont rares. Ce que nous voyons, de temps en temps, ce sont des groupes de salariés qui bloquent une situation pour faire "virer" le directeur, ou un chef de service. Je dispose de nombreux exemples : ainsi dans une maison de retraite, le personnel s'est ligué contre la directrice, de même dans un lycée agricole ou encore dans un service hospitalier. Vous pouvez le constater, il s'agit de groupes. Pour engager une poursuite pour harcèlement, il faut être dans une situation où le salarié n'a rien à perdre, soit qu'il est près de la retraite, soit qu'il envisage une autre orientation et qu'il a préparé ses arrières.

— Pourquoi ne pas avoir fait une pression de groupe dans votre cas ?

— Parce que notre direction autocratique démolira ensuite chaque individu qui aura bougé. Les choses ne se font pas tout de suite mais sont étalées dans le temps, en prenant un salarié après l'autre… Non, je crois que vous n'avez pas une bonne connaissance de ce qui se passe dans certaines entreprises, minoritaires, fort heureusement !

— Sans doute… Si nous vous demandons qui ne l'aimait pas ou le détestait, la liste serait longue ?

— Oui, plus de quatre-vingt-dix pour cent du personnel ! Il faudrait me formuler une question plus réductrice !

— Au travers de ce que vous venez de dire, selon vous et sans engagement de votre part, quelle serait la ou les personnes susceptibles de lui en vouloir terriblement au point de passer à l'acte un jour, après avoir "ruminé" longuement son projet de vengeance dans son coin ? Qu'il soit encore en activité ou pas…

— Vous êtes déjà plus précis. Sans réfléchir, je dirais plusieurs dizaines de personnes !

— Tant que ça, tout de même ? C'est incroyable.

— Vous ne pouvez imaginer le sale type que c'était quand il était en activité. La plupart des cadres de l'équipe de direction arrivaient à filtrer les ordres du Président-Directeur Général. Lui, pas du tout. Pire, il tirait plus fort ! Il y arrivait car il avait un ou deux types qui le suivaient juste en dessous. Derrière, il fallait voir le carnage !

— Si nous ne devions retenir que quelques noms, quels seraient-ils ?

— Un peu avant d'être cassés, deux employés ont secoué physiquement et vigoureusement notre Castellin. Beaucoup de personnes avaient envie de le faire, eux l'ont fait !

— Vous voulez dire qu'ils en sont arrivés aux mains ?

— Tout à fait, des collègues sont intervenus aussitôt pour les séparer.

Après avoir noté le nom des personnes concernées, ils restèrent échanger quelques instants encore avec le représentant syndical sur des généralités d'entreprise. L'homme était calme, pondéré, dénué d'agressivité dans le ton et les propos. Il regrettait vivement cette situation mais avouait son incapacité à agir dans l'entreprise. Il considérait que toutes les entreprises qui agissaient ainsi coûtaient très cher à la société : médicaments, arrêts de travail, maladies, Assedic… Tout ceci, au seul profit du résultat financier de celles-ci.

Le retour des deux officiers de police judiciaire au service du personnel ne fit visiblement pas plaisir au DRH. Il blêmit quand François lui présenta les noms de ces anciens salariés dont il voulait obtenir l'adresse. Il tenta dans un premier temps de ne rien donner, prétextant l'absence du PDG. François et Phil élevèrent alors le ton, se référant au droit. Il finit par accepter…

En quittant le bureau, ils se fixèrent comme objectif de rencontrer ces deux personnes. Résignés, ils durent à nouveau affronter la chaleur. La porte à peine passée, un tourbillon d'air chaud les enveloppa. Ils laissèrent les portes de la voiture ouvertes quelques instants avant d'y entrer et de reprendre la route. En franchissant la barrière, Phil fit une réflexion :

— Quand on regarde ce bâtiment, tout semble pourtant si calme, si tranquille… Comme quoi, vu de l'extérieur…

— Je n'arrive pourtant pas à comprendre comment les salariés ne se révoltent pas.

— J'imagine qu'ils sont tous en révolte intérieure, mais personne ne peut bouger. Je suppose que pour la plupart, ils sont en charge de famille, d'engagements financiers et que ce n'est pas le moment de prendre le risque de tout perdre.

— Oui, mais du harcèlement, tu te rends compte ? C'est dégueulasse, c'est pire que tout, à notre époque…

— Oui… Il reste encore beaucoup de boulot à faire dans ce domaine !

IX

Le premier homme qu'ils devaient rencontrer s'appelait Jacques Derennes. Il habitait dans un lotissement non loin du centre commercial de Saint-Grégoire. Ils n'éprouvèrent aucune difficulté à trouver la maison. Les pavillons se ressemblaient tous et dataient d'une quinzaine d'années. Ils sonnèrent au portillon. Une femme, la quarantaine, se présenta à la porte. Le visage triste, elle écouta Phil et François se présenter et expliquer le sens de leur visite. Elle les invita aussitôt à entrer.

— Pour ce qui concerne mon époux, j'aimerais mieux que nous échangions le plus discrètement possible. La femme ne parlait pas fort, l'explication suivit. Mon mari est couché, il est très fatigué, il vient de sortir hier de l'hôpital, il a tenté de se suicider une nouvelle fois dimanche dernier. Des larmes apparurent sur son visage qu'elle ne tenta même pas d'essuyer.

— Que s'est-il passé, Madame ?

— Mon mari est en déprime depuis plus de trois ans. Comme tous les déprimés, un jour ça va et puis, le lendemain, rien ne va plus. Dimanche, il est parti rejoindre des amis pour participer à une partie de pêche à la carpe en étang. Il est rentré le soir vers vingt et une heures. Avait-il bu un peu trop par cette chaleur, étant donné tous les médicaments qu'il prend ? Je ne sais pas. Toujours est-il qu'il est monté à la chambre et qu'il a pris des cachets. Je m'en méfiais un peu quand je l'ai vu arriver, aussi, dans les minutes qui ont suivi, je suis allée le voir et je l'ai trouvé allongé par terre, des boîtes de cachets sur le lit. J'ai appelé le SMUR. J'ai eu de la chance, il est venu tout de suite, direction hôpital, lavage d'estomac et puis voilà...

Malgré toute la tristesse qui marquait son visage, c'était une femme plutôt jolie, aux traits fins. Phil et François pensaient aux dires du représentant syndical et ressentaient comme une révolte. Nul doute qu'il s'agissait d'une des conséquences des agissements de Castellin. Phil l'amena à parler de ce sujet.

— Nous comprenons, Madame, que cette situation soit très difficile à vivre et pour lui et pour vous...

— Et pour les enfants. Nous avons deux fils, ils travaillent pendant les deux mois d'été, car ils poursuivent des études supérieures. Moi, je travaille à la Préfecture et je suis en congé actuellement. Mais je peux vous dire, que le reste de l'année, chaque soir quand je rentre, je me demande ce qui m'attend à la maison.

— Bien sûr, Madame... Comment a commencé cet état de déprime chez votre époux ?

LANTERNE ROUGE À CHÂTEAUNEUF-DU-FAOU

— Comme vous le savez, mon mari travaillait dans la grande société de distribution de produits chimiques et d'entretien de Rennes. Le baccalauréat en poche, il a commencé comme employé dans cette entreprise qui n'était pas aussi importante à l'époque. Elle ne couvrait que le département trente-cinq. Depuis, avec le rachat de plusieurs affaires familiales dans l'Ouest, elle a grandi et couvre six départements. En travaillant dur, sans compter les heures, il a gravi les échelons pour devenir directeur de magasin. Il s'agissait d'un petit magasin dans une petite ville, mais c'était bien. Il était content. Puis, voilà que le responsable du département a commencé à s'acharner sur lui : il fallait faire plus, encore plus et toujours plus… Il faut dire qu'il n'a pas eu de chance, son responsable départemental s'entendait trop bien avec le grand patron du commercial qui s'est acharné à son tour sur lui.

— Qu'entendez-vous par acharner ?

— Ils lui demandaient de serrer beaucoup plus durement son équipe pour améliorer son chiffre d'affaires par tous les moyens. En résumé, il faut se montrer méchant avec le personnel si on veut obtenir des résultats… Il y a des choses que mon mari n'acceptait pas de faire…

— Quoi par exemple ?

— Quand un client venait pour acheter un article, il fallait lui en vendre deux, trois voire plus ! Souvent d'une façon débile. Il me disait, par exemple, que pour le nettoyage de surface dans l'alimentaire, ils disposaient de deux gammes de produits pratiquement identiques. Il fallait obliger les commerciaux à faire croire aux clients qu'ils devaient d'abord faire un premier passage avec un produit puis un deuxième avec l'autre, ce qui était inutile !

— Mais les clients ne devaient pas être dupes, tout de même !

— Certains, non, mais pour d'autres, il suffisait de les culpabiliser en leur disant que, s'ils ne pratiquaient pas de la sorte, ils prenaient un risque et s'exposaient à des problèmes de salmonellose ou à toutes sortes de contagions bactériennes.

— Mais c'est du vol, c'est grave comme comportement !

— C'est ce que disait mon mari, dès lors vous vous exposiez aux foudres de ces types-là. Car je peux vous dire qu'à chaque fois qu'un cas défrayait la chronique dans la presse, ils utilisaient cet argument fallacieux. Il y avait des tas de combines différentes pour vendre toujours plus. Il n'avait pas de chance, le responsable du département était le plus fêlé dans ce domaine. Il arrivait à faire vendre jusqu'à cinq produits au même client, alors qu'un seul suffisait. Mon mari a tenté de discuter avec son responsable départemental. Il n'a fait que récolter sa colère puis les foudres de Castellin, à tel point qu'ils l'ont complètement cassé.

— C'est dégueulasse, c'est incroyable…

— Mon mari est tombé malade, en déprime. Il ne mangeait plus. Il redoutait les réunions et les appels téléphoniques, parce qu'il faut savoir qu'ils appelaient à midi pour connaître le chiffre de la matinée et chaque soir, celui de la journée. Ils obligeaient mon mari à coller une grille de production à chaque agent, à charge pour lui de les harceler le matin, le midi, le soir et ainsi de suite… De la folie ! Un vendeur au rayon qui ne vendait que ce qui était nécessaire au client était un nul à jeter aux chiens ! Ils ont fini par arriver à ce qu'ils voulaient, la maladie et l'arrêt de travail…

— Mais votre mari n'a pas tenté de se défendre, de faire appel au syndicat, au médecin du travail, à l'inspection du travail ?

— C'est facile à dire… mais, en pratique, quand on s'acharne sur vous, vous êtes seul, et tout est bon pour faire croire à tout le personnel que vous n'êtes plus bon à rien… Ils lui téléphonaient parfois même après le travail, à la maison, quand ils n'avaient pas pu le joindre au magasin, inutile de vous dire que, sans traitement, mon mari ne pouvait plus dormir la nuit… C'est vraiment dégoûtant… et ces types-là s'en fichent des dégâts, ils ne pensent qu'à une chose : leur promotion et leur paye, tant pis pour la casse ! Plus grave, ils éprouvent une sorte de jouissance quand ils réussissent à mettre quelqu'un en maladie sans le virer.

— Ce que vous nous dites est effroyable !

— C'est pourtant la vérité ! Mais tous les responsables départementaux ne sont pas comme ça, certains sont restés humains et servent de filtre entre Castellin et leurs équipes. Pour mon mari ce n'était pas le cas… Mais, pourquoi venez-vous voir mon mari à propos de Castellin ? Des personnes ont-elles fini par porter plainte contre lui en dehors de l'entreprise ?

— Non. Pourquoi pensez-vous à ça ?

— Parce que je sais qu'il y a trois ans, juste avant le départ de Castellin, un salarié qui voulait changer de service a fini par se suicider…

— Uniquement à cause du travail ?

— Tout à fait… Il serait temps de faire quelque chose. Moi, je dis qu'il faudrait une loi pour poursuivre des sales types comme lui, même quand ils ne sont plus en exercice et les emmener devant le tribunal. Faire un grand procès public, comme on va faire pour Milosevic et ses capitaines et hommes de main, qui ont commis tant de carnages. Cela calmerait les ardeurs de certains autres fous furieux…

— Nous comprenons parfaitement votre peine et votre colère. Mais nous pensons que, si, parfois, ceci peut se produire dans certaines entreprises, ces cas restent exceptionnels, heureusement !… Sans mettre en cause le bien-fondé de ce que vous dites, nous ne venons pas pour ce genre d'action. Il s'avère que monsieur Jean-Baptiste Castellin a disparu et que nous menons une enquête pour tenter de le retrouver ou d'interroger les personnes qui l'ont côtoyé… Il semblerait que votre époux en soit venu aux mains avec lui…

— C'est exact. Un collègue l'a arrêté pour éviter qu'il fasse une bêtise… Il l'aurait tué… Après cet exploit, ce fut pire que jamais. Depuis, mon mari est sous traitement, il ne retravaillera plus, sa vie est foutue… Il n'a que cinquante-trois ans ! Moi cinquante et nos enfants font des études longues… Elle se mit à pleurer fortement. Comment peut-on laisser des individus tuer impunément d'autres individus ? La seule chose qui pourrait sauver mon mari, serait d'apprendre que quelqu'un a fini par tuer Castellin pour le punir.

Phil attendit que madame Derennes cesse de pleurer et retrouve son calme.

La dernière réflexion de madame Derennes l'amenait sur un terrain miné.

— Votre époux était-il seul pour se rendre à l'étang ?

— Pour y aller, oui, mais, là-bas, il y avait tous les membres de l'association.

— Avez-vous des renseignements sur cette association ?

— Oui, bien sûr, je vais vous chercher sa carte, vous aurez toutes les coordonnées. Mais pourquoi me demandez-vous ces renseignements ?

Madame Derennes réalisa alors ce qu'il y avait derrière la question.

— Vous ne voulez pas me faire penser que… mon mari… Non… c'est impossible…

— Nous ne pensons à rien, Madame, pour l'instant nous recherchons. Pouvons-nous, malgré tout, parler à votre époux ?

— Non, pas dans le moment. Il est trop mal et je viens de le bourrer de calmants et de somnifères, il va dormir jusqu'à demain… Dans l'état où il est, il est totalement incapable de faire quoi que ce soit et encore moins de lever la main sur Castellin malgré toute la haine qu'il peut éprouver pour cet homme… Mais, voyez avec l'association de pêche, elle vous confirmera sa présence dimanche dernier toute la journée…

— Nous allons vérifier. Nous vous laissons notre carte, dès que votre mari ira mieux, prévenez-nous. Si vous avez d'autres informations, n'hésitez pas à nous le faire savoir.

— Très bien, je le ferai.

Phil et François ne pouvaient guère aller plus loin dans cette discussion.

En dehors de Marie-Jo, tous les propos des personnes qui connaissaient bien Castellin venaient confirmer quel homme méprisable il était. Ils prirent congé.

Ils devaient sortir de Rennes et prendre la nationale douze en direction de Quédillac et Trémeur. Le deuxième homme, Pierre Le Duruff, habitait dans un lieu-dit entre ces deux villages.

En route, François appela le président de l'association de pêche qui gérait l'étang où Jacques Derennes était censé avoir pêché toute la journée de dimanche. La réponse fut claire : il s'était inscrit mais il ne l'avait pas vu de la journée !

Les choses se compliquaient. Ceci signifiait aussi qu'il faudrait revenir rapidement voir monsieur et madame Derennes ou convoquer Jacques Derennes pour qu'il soit entendu seul.

X

En quittant la nationale douze, ils empruntèrent la départementale sept cent soixante-six. Au centre d'un village, ils durent tourner à gauche pour arriver jusqu'au lieu-dit, petit hameau de trois maisons. L'une semblait inoccupée, volets clos et jardin en friche. Deux autres suivaient. Près de la deuxième, plutôt bien entretenue et fleurie, un homme se tenait dans le jardin. Ils lui demandèrent où habitait Pierre Le Duruff.

— C'est simple, prenez le petit chemin qui se trouve presque en face de la première maison. Il habite tout au bout.

Ils revinrent un peu sur leurs pas et empruntèrent un chemin étroit, bordé de haies et recouvert d'herbe rase, qui conduisait à une centaine de mètres, à une maison. Ils ne l'avaient pas remarquée en arrivant, car leurs regards s'étaient portés sur la maison inoccupée. Le bout du chemin correspondait à l'entrée du garage accolé à la maison. Une 406 vert métallisé stationnait devant la porte du garage… Dans un écrin de verdure formé par de grands arbres, se nichait un pavillon au toit d'ardoises et au ravalement fraîchement fait, jaune très clair. Très peu de fleurs, une pelouse grillée par le soleil et le manque d'eau, rien n'égayait cette maison pourtant coquette. Ils garèrent leur voiture juste derrière la 406 et sonnèrent à la porte d'entrée.

Ils entendirent des bruits de pas dans un escalier puis dans le couloir, avant de voir s'ouvrir la porte sur une personne d'une cinquantaine d'années, en tenue de peintre. L'homme enleva son bob maculé de peinture pour laisser apparaître des cheveux bruns, courts et des tempes grisonnantes qui lui donnaient un certain charme. Les traits fins, la peau basanée, les yeux vifs et marron, il s'excusa de sa tenue et expliqua qu'il peignait le plafond d'une pièce à l'étage avant d'en refaire la tapisserie.

Les officiers de police judiciaire se présentèrent et expliquèrent les raisons de leur visite. Il resta indifférent à cette visite impromptue et invita les arrivants à entrer dans sa cuisine, « une des rares pièces qui a échappé au cataclysme de mon chantier ! » dit-il en plaisantant.

Tout en leur proposant de s'asseoir, il expliqua qu'il avait effectué le ravalement de sa maison la semaine dernière et que, depuis samedi, il s'était attaqué aux peintures et aux tapisseries de quelques pièces.

François commença par lui annoncer la disparition de Jean-Baptiste Castellin.

— Quel genre de disparition ? demanda-t-il.

— Nous ne le savons pas pour l'instant, nous enquêtons dans l'entourage de monsieur Castellin.

— Je ne suis plus dans son entreprise depuis plus de trois ans et je crois même qu'il doit être en retraite. Je ne vois pas en quoi…

— En effet, en préretraite depuis trois ans, coupa Phil. Mais en menant notre enquête au sein de l'entreprise, nous avons appris que vous en étiez arrivé aux mains avec monsieur Castellin et que vous auriez même proféré quelques menaces à son encontre, est-ce exact ?

— Tout à fait. Je ne cache pas que, si mes collègues ne m'avaient pas retenu, je lui aurais cassé la gueule. Nous avons à peu près la même taille et la même corpulence, mais j'aurais eu le dessus. Je peux vous dire qu'il faisait dans son froc quand je l'ai agrippé. Une pourriture de cette espèce méritait une leçon.

— Et alors ?

— Dès qu'il a pu, il m'a fait licencier pour une futilité. Ce devait être six mois avant son départ, donc il y a trois ans et demi. J'étais responsable départemental de la Loire-Atlantique, mes chiffres étaient bons, mais il me cherchait tout le temps. Tout était prétexte à m'attaquer et ce qu'il détestait le plus, c'était quand je défendais mes équipes. Je ne lui permettais pas d'avoir de prise sur le personnel de mes magasins. Il ne le supportait pas. Ce vicelard ne jouissait que lorsqu'il pouvait faire du mal à quelqu'un. S'il avait pu être vingt-quatre heures sur vingt-quatre et sept jours sur sept sur notre dos pour nous faire "chier", il l'aurait fait. Moi, je bétonnais à mort pour l'empêcher de me détruire trop de salariés. C'est moi qu'il a eu.

— Et après ?

— Huit mois de chômage et de galère et puis j'ai enfin réussi à retrouver un job de cadre commercial dans une boîte de Rennes. Mais je ne retrouverai plus jamais le poste que j'avais ni le même niveau de revenus… Il baissa la tête, son regard se fixa sur ses mains qui trituraient son bob. La peine se lisait sur son visage. La voix avait changé. Il poussa un soupir et, après un silence, précisa : c'est du passé, j'ai tiré un trait dessus.

— Que faisiez-vous, monsieur Le Duruff, durant la journée de dimanche dernier ?

— J'étais ici, j'ai terminé mon ravalement samedi sur le coup de midi, puis je suis allé voir mon voisin au bout du chemin, le long de la route, pour qu'il me prête une décolleuse à papier, en tout début d'après-midi. Il devait être vers treize heures trente. J'ai récupéré le matériel, nous avons parlé un peu car c'est un homme charmant. Je voulais être prêt pour attaquer dimanche matin de bonne heure, et c'est ce que j'ai fait. Je n'ai pas bougé de là. Ma voiture reste dehors depuis quelques jours, car je prépare tout mon chantier dans le garage. Si vous voulez venir voir…

— Non, ce ne sera pas nécessaire.

— Depuis, je suis toujours dans mon chantier, mon voisin est revenu chercher sa décolleuse hier soir, nous avons bu un coup, voilà mon emploi du temps. J'espère terminer la dernière pièce commencée demain soir, car lundi je reprends mon travail. Je voudrais tout remettre en ordre à la maison avant la fin de mes congés.

— Oui, je comprends. Connaissiez-vous Jacques Derennes ?

— Bien sûr ! Encore une victime de ce pourri de Castellin, le pauvre est devenu une vraie loque humaine. Je l'ai aperçu il y a quelques semaines dans le centre commercial de Saint-Grégoire. Il marchait comme un zombi. Il m'a fait de la peine. Il était avec son épouse. Elle est courageuse, cette femme… Puis-je vous offrir une consommation par cette chaleur caniculaire ? J'allais m'arrêter de toute façon pour prendre un verre, il fait tellement, chaud là-haut…

— Non, merci, vous êtes bien aimable. Selon vous, d'autres personnes seraient-elles susceptibles d'en vouloir à Castellin ?

— Je l'ignore. Mais, à mon avis, cela ne doit pas manquer. Un homme aussi méchant qui ne distribue que du mal autour de lui, un jour ou l'autre, ça lui revient en pleine figure. Allez voir du côté de l'entreprise et vous serez éclairés.

— C'est ce que nous avons fait.

— Avez-vous rencontré le Président-Directeur Général ?

— Non, le DRH !

— Dans ce cas, vous ne savez rien, il est mort de trouille devant le big boss qui est lui-même un drôle de type… pas aimé non plus… Il se prétend humain et à l'écoute de son personnel, ce n'est qu'une façade. Sur le fond, c'est un drôle de bonhomme aussi, mais à sa manière. Il est différent de Castellin qu'il a toujours cautionné tout de même, tout autant que le fêlé qui n'a qu'un petit pois dans la tête qui agissait en dessous, en homme de main de Castellin…

— Bien, nous allons reprendre la route. Le voisin qui vous a prêté le matériel, est-ce celui qui habite au centre du hameau ?

— Oui, tout à fait, pourquoi, vous le connaissez ?

— Non, c'était pour savoir, bon courage, Monsieur, pour la suite…

— Merci !

En repartant en voiture, Phil comme François considérait que, si le Jacques Derennes ne semblait pas très clair dans son emploi du temps, Pierre Le Duruff, lui au moins, paraissait transparent.

Ils s'arrêtèrent chez le voisin qui se tenait toujours dans son jardin à enlever des fleurs fanées.

Il leur précisa que Pierre Le Duruff n'avait pas quitté les lieux, que sa voiture n'avait pas bougé depuis plusieurs jours.

Il rajouta qu'avant de se coucher, tard dans la nuit, comme il ne fermait pas les fenêtres à cause de la chaleur, il avait aperçu à plusieurs reprises des lumières à travers les arbres, signe qu'il travaillait toujours.

Il fut élogieux sur Pierre Le Duruff, le considérant comme un homme courageux, intègre, travailleur, sympathique et toujours prêt à rendre service. Il lui avait bien prêté du matériel samedi en début d'après-midi puis l'avait récupéré, comme l'avait dit précédemment Pierre Le Duruff.

Ils notèrent ces informations. Il était déjà tard dans la soirée, ils reprirent la route en direction de Quimper.

XI

Quimper, vendredi 1er août.

La chaleur continuait à grimper. Un peu partout en France, les records tombaient : trente-huit, trente-neuf, quarante, quarante et un ! Si la Bretagne ne connaissait pas ces pics de température, elle souffrait néanmoins de cette chaleur persistante. Heureusement, une légère brise venait offrir un peu d'air à chacun.

Dans le bureau de Yann Le Godarec, Phil et François faisaient le point. Après examen, le doute n'était plus permis, la thèse du malaise ou de l'accident était écartée au profit du meurtre…

Potentiellement, six personnes ressortaient dans leur fichier :

L'ex-épouse, madame Le Brizac, Étienne Le Goff dit Le Stéphanois, Michel Le Page dit Mimich, Marie-Jo Le Gall, Jacques Derennes et enfin Pierre Le Duruff…

— Qu'avez-vous comme alibi pour chacune de ces personnes ? demanda le patron.

François prit le dossier dans lequel les informations avaient été synthétisées.

— Madame Le Brizac d'abord : nous avons vérifié auprès de son club de bridge, elle s'y est rendue dans la soirée de samedi et a effectivement joué pour ne rentrer que vers une heure du matin. Puis, le lendemain matin, elle a participé à un voyage culturel sur Paris, déplacement effectué en groupe et en car : pour nous, elle est hors de cause.

— Étienne Le Goff : il est bien venu au centreville de Châteauneuf-du-Faou en fin de matinée, de même que son ami, Michel Le Page. Mais, qu'ont-ils fait avant ? Nous ne le savons pas et nous ne détenons rien de concret, pas de témoignage, tout reste à prouver.

— Marie-Jo Le Gall : nous n'avons pas de détail sur sa matinée, mais seulement à partir de midi… avant, qu'a-t-elle fait ou commandité ? Nous attendons plus de renseignements sur cette personne.

— Jacques Derennes : selon son épouse, il est plutôt mal en point, a tenté de se suicider dimanche soir. Existe-t-il un rapport quelconque entre cette tentative de suicide et notre affaire ? Ce point reste à éclaircir.

— Pierre Le Duruff : son voisin atteste de sa présence à son domicile dimanche, sa voiture n'aurait pas bougé de place. Il réalise des travaux de peinture et de papier peint chez lui depuis plus d'une semaine…

— Sa voiture ne signifie pas qu'il était présent.

— Non… Nous allons demander à la gendarmerie locale de faire une enquête de voisinage.

— Pourquoi retenez-vous ces deux personnages ?

— Tous les deux en sont venus aux mains avec Castellin et lui en veulent à mort. Ils ont proféré des menaces de mort contre lui devant témoins.

— Cela fait combien de temps ?

— Plus de trois ans !

— C'est un peu loin. Avez-vous demandé une enquête de voisinage sur l'épouse ?

— Non, parce que, du samedi au dimanche soir, elle justifie son emploi du temps.

— Verriez-vous une complicité dans une action concertée contre Castellin ?

— En dehors des deux voisins, nous n'en voyons pas.

— Et cette Marie-Jo Le Gall ?

— Nous ne l'avons pas pris en compte pour l'instant.

Yann Le Godarec venait de recevoir des Renseignements Généraux et de différents services d'investigation, les fiches détaillées de chacune des six personnes, non pas suspectées, mais se situant dans l'environnement du disparu et pouvant être concernées.

Ils commencèrent par la fiche de Jean-Baptiste Castellin. Après l'état civil bien connu, apparaissait qu'il avait été marié deux fois, deux fois divorcé, sans enfant de chaque mariage, suivait son parcours professionnel. Avant de travailler chez son dernier employeur, il exerçait dans une autre entreprise de la région nantaise. Il faisait l'objet de plusieurs affaires au Conseil des Prud'hommes, y compris pour harcèlement. Il s'était aussi distingué lors d'une grève où il avait utilisé la force contre un groupe de grévistes. Il avait été licencié de cette entreprise. L'homme ne se refaisant pas, il réalisait le même palmarès à Rennes, mais le PDG étant conciliant, il avait pu atteindre la préretraite ! À l'énoncé de cette fiche, Phil et François ne purent cacher leur colère :

— C'est tout de même incroyable que de tels individus puissent encore exercer voire bénéficier de la protection de PDG tout aussi peu scrupuleux ! Cette situation coûte horriblement cher à la collectivité, car leurs agissements envers des hommes et des femmes qui seront souvent anéantis par leur comportement, sont une catastrophe humaine et sociale.

— Hélas, ce fléau ne va pas aller en diminuant, se contenta de rajouter Yann Le Godarec.

— Non, effectivement, notamment du fait de la nécessité de rallonger le nombre d'années de travail et la volonté de déboucher ou de ne plus embaucher des personnes de plus de cinquante ans ! Une société dont le seul but est de gagner le plus d'argent possible par tous les moyens, se fiche pas mal de ce paradoxe et ne fait que ce qui est bon pour son bilan, tant pis si cela conduit à détruire des hommes et des femmes qui resteront ensuite sur le bord de la route…

— C'est écœurant…

Le patron commença la lecture de la deuxième fiche, celle de madame Le Brizac. Il n'y avait rien de spécial à signaler. Parcours exemplaire, DRH d'un groupe tentaculaire aux nombreuses filiales dont l'activité se développait essentiellement sur le grand Ouest. Côté Conseil des Prud'hommes, pas de procès ni d'affaires scabreuses, malgré un poste dans lequel elle pouvait se trouver exposée. Phil proposa de demander l'organigramme des sociétés de son groupe, pour information, et d'examiner si sa fonction ne touchait pas d'autres sociétés.

La fiche d'Étienne Le Goff, dit Le Stéphanois, offrait plus de variété. Engagé à dix-huit ans au deuxième régiment des Chasseurs Parachutistes...

— Ah, il faisait partie des fameux bérets rouges ! lança François. Sacré corps d'armée ! Le premier date de 1936, ils ont été sur tous les coups : Indochine, Algérie...

— Oui, mais pour Le Stéphanois c'est un peu plus tard, il n'a rien fait de tout ça, corrigea Yann Le Godarec, pour éviter les divagations inutiles. Bon, suivent ses états de service : caporal, caporal-chef, sergent, sergent-Chef, sous-officier émérite... je passe sur les détails...

— Il vaut mieux tout lire tout de même.

— D'accord. Je remarque une mention au dossier. Il était présent au moment de l'affaire du Drakkar à Beyrouth. Une note précise que, le 23 octobre 1983, un camion piégé transportant trois cents kilos de

TNT avait été lancé contre l'immeuble le Drak-kar, QG des forces armées françaises à Beyrouth, bilan : cinquante-huit parachutistes tués… Étienne Le Goff fut fortement choqué. Il organisa avec d'autres sous-officiers une action de représailles, à l'insu des autorités. Au vu de ses états de service, il avait été légèrement sanctionné. Par contre, eu égard à la faute, il fut rapatrié en France avec interdiction d'intervenir à l'étranger. Écœuré après cette affaire, il a quitté l'armée en ayant validé vingt-cinq années de service. Depuis, il exerce le métier de maître-chien. Il travaille pour le compte d'une société de gardiennage à Quimper. Le coup de poing facile, lors de son entrée dans la vie civile, il a connu quelques déboires avec la police et la gendarmerie. Depuis dix ans, rien à signaler.

— Moi, je le verrais tout à fait capable de fomenter un sale coup avec son pote Mimich, rajouta Phil. Ils doivent être de la même veine.

— Nous allons voir, dit aussitôt Yann Le Godarec. Voici la fiche de Michel Le Page. Engagé à dix-huit ans, école des fusiliers marins à Lorient dans la Marine Nationale, puis, dans le commando "Montfort", a un peu baroudé par ci par là, je passe sur les détails, notamment Djibouti, a terminé maître principal, pas d'annotation au dossier, contrairement au Stéphanois…

— Je partage l'avis de Phil tout à l'heure, surenchérit François, deux copains d'enfance, l'un para, béret rouge, et l'autre fusilier marin, béret vert, deux types qu'il ne faut pas chatouiller ! Castellin les a suffisamment agacés voire humiliés pour qu'ils ne restent pas ainsi les bras croisés à ne rien faire. Il faut creuser autour de ces deux loulous.

Ils s'embarquèrent ensuite dans diverses réflexions sur ces deux personnages. Yann Le Godarec recentra rapidement le débat pour poursuivre la découverte des autres fiches.

Marie-Joséphine Le Gall pratiquait dans un genre différent. Elle avait déclaré tenir un bar de nuit de luxe, lorsqu'elle était à l'hôpital à Carhaix. En réalité, elle avait été plusieurs fois impliquée dans des affaires de mœurs, de prostitution et, ces dernières années, de drogue dans son bar. Celui-ci avait été fermé à plusieurs reprises par décision de justice et était considéré par la police comme un bar louche. Madame Le Gall disposait d'une petite équipe à sa solde, dont le rôle n'avait jamais été clairement élucidé…

Depuis la vente de son affaire, elle n'aurait pas conservé de contact, semblait-il, avec le milieu. Elle n'avait plus fait parler d'elle.

— Tiens, tiens, tiens, la jolie et gentille Marie-Jo Le Gall, ne serait pas non plus une sainte ! se permit de dire François sur le ton de l'humour.

— Mine de rien… cette miss et nos deux baroudeurs peuvent très bien avoir monté un coup, commenta Phil.

— Dans quel but, pour gagner quoi ? répondit Yann Le Godarec.

— Pour l'instant, nous ne savons pas, mais il faut voir…

Personne ne répondit, chacun se creusait la tête pour tenter d'y trouver une bonne raison.

Le patron se saisit de la fiche suivante : Jacques Derennes. Il ne présentait, quant à lui, qu'un document quasiment vierge en dehors de son état civil. Un seul employeur et rien à signaler.

Il termina la lecture par la fiche de Pierre Le Duruff. Elle n'apportait pas plus d'information, si ce n'était qu'il était veuf depuis six ans. Épouse décédée d'une longue maladie à l'hôpital de Rennes… D'autre part, il travaillait dans une autre entreprise depuis près de trois ans. Phil demanda également des précisions sur son employeur et, si la société appartenait à un groupe, d'en obtenir l'organigramme, afin de déceler des liens éventuels avec d'autres affaires.

— Voilà, Messieurs, toutes les informations en notre possession. Que proposez-vous ?

— En attendant la suite des investigations, je demande de mettre tout ce monde sur écoute, de reprendre tous les appels téléphoniques donnés ou reçus par chacun, de regarder du côté des comptes bancaires, enfin la totale… préconisa Phil.

— Oui, je partage, rajouta François. Sauf, si nous découvrons une autre personne en plus de celles-ci, mais, comme ce n'est pas le cas pour l'instant, l'une d'entre elles peut très bien avoir été l'instigatrice sans agir directement ou agir en laissant finir le travail par d'autres… Nous avons tout vu dans ce domaine.

— Oui, je suis d'accord, j'avertis le procureur. Cette affaire, d'une certaine manière, me rappelle l'affaire Le Louarn*. Ne nous laissons pas aveugler par ce que nous avons devant nous et sortons du cadre, prenons de la hauteur. Cette disparition est peut-être plus simple à élucider qu'elle n'en a l'air et les raisons plus évidentes qu'il n'y paraît !

Phil et François reprirent leur dossier pour revenir à leur bureau et tenter de réfléchir encore à cette affaire. Un détail, a priori sans importance, leur avait-il échappé ? Avaient-ils bien interprété toutes les informations recueillies lors des entretiens ? Ils décidèrent de reprendre leurs notes pour les comparer aux procès-verbaux. Rien ne devait être négligé.

---

*Voir *La Belle Scaëroise* – même auteur, même collection.

XII

Lundi 4 août.

Le vendredi n'avait rien apporté de nouveau, Phil et François étaient partis en week-end, préoccupés par cette affaire. Le mystère de la disparition de Jean-Baptiste Castellin et la chaleur caniculaire les empêchèrent de dormir. Les médias s'occupaient surtout de cette vague de chaleur sans précédent ainsi que des passes d'armes entre l'opposition et le gouvernement sur la façon de gérer ce qui prenait le chemin d'une crise "caniculaire" ! Il était de plus en plus question d'une augmentation sensible des décès liés à ce phénomène hors du commun qui se prolongeait. Les uns minimisaient la situation, les autres l'amplifiaient. Le Président de la République laissait faire et se gardait bien d'intervenir pour l'instant. Tout cela évitait de parler, dans la région, de l'affaire Castellin. La police et la gendarmerie pouvaient ainsi travailler discrètement. Yann Le Godarec fut ravi de voir entrer Phil et François.

— Vous tombez bien, j'allais justement vous appeler ! La brigade de Châteauneuf-du-Faou vient de me transmettre cette télécopie. Une voiture rouge aurait stationné le long de la route, non loin de l'endroit où se trouvait le bateau, sur la route de Spézet.

— Quelle marque, quel type, quelle immatriculation ? s'enquit aussitôt Phil.

— Vous pensez bien que, si la gendarmerie avait ces informations, elle nous les aurait données ! Il s'agit d'une dame, domiciliée sur la route de Spézet qui aurait remarqué le véhicule en passant dans la nuit de samedi, en rentrant d'un fest noz. Comme il était bien garé, elle a pensé qu'il appartenait à un jeune couple et ne s'est pas arrêtée. Le dimanche matin, en se rendant à la messe au bourg de Spézet, le véhicule était toujours là. Elle était en retard, elle ne s'est pas arrêtée non plus, se promettant de le faire au retour. Après la messe, elle a rencontré une amie qu'elle n'avait pas vue depuis longtemps. De fil en aiguille, elle a fini pas rester déjeuner chez elle. Elle n'est rentrée que vers quatorze heures, la voiture n'était plus là.

— C'est intéressant.

— Ce n'est pas tout ! Un groupe de jeunes qui se rendait le samedi en fin d'après-midi, vers dix-sept heures environ à Spézet, aurait remarqué une voiture blanche qui quittait l'endroit où était garée la voiture rouge, qu'ils ont également vue. Ils pensaient qu'il s'agissait d'un couple qui s'était donné rendez-vous à cet endroit et que l'un prenait l'autre en charge pour une sortie, bien qu'il soit un peu tôt… Pas mal, qu'en dites-vous ?

— Que les gendarmes ont fait du bon boulot ! Il nous reste à vérifier si parmi nos suspects quelqu'un a une voiture rouge, et, ou, une voiture blanche…

— Effectivement… Je vous laisse consulter vos procès-verbaux. J'attends également, d'une minute à l'autre, la télécopie de la requête faite auprès de la banque de Castellin.

Phil et François rejoignirent leur bureau.

— Les affaires reprennent ! dit Phil avec le sourire.

— Je commençais à m'inquiéter, soupira François.

Le téléphone sonna.

— Je suis madame Derennes. Je vous appelle pour vous dire que mon mari n'était pas à la pêche dimanche à l'endroit que je vous avais indiqué. Il a rencontré un ami, ancien collègue de travail, quand il s'est arrêté pour prendre son journal. Celui-ci lui a proposé de venir avec lui pêcher, sur un autre étang qui appartient au comité d'entreprise de la société dans laquelle il travaillait. Sur le coup, il était très content et a passé une bonne journée, heureux de retrouver des collègues. Mais, sur la route du retour, il a eu un grand coup de blues et c'est pour ça qu'il a voulu se suicider. Vous pouvez vérifier, voici les coordonnées du responsable de l'étang. Je suis désolée, mais je ne le savais pas, il me l'a seulement dit hier soir. Et pour Castellin, avez-vous du nouveau ?

— Non, toujours rien !

Dès qu'il eut raccroché, Phil s'empressa de vérifier les dires de madame Derennes auprès du responsable de l'étang du comité d'entreprise de la société. Celui-ci les confirma. Il indiqua également que, lui et ses collègues, étaient vivement désolés de savoir que Jacques Derennes avait tenté de mettre fin à ses jours à l'issue de cette journée de pêche. « Nous avons cru bien faire, et il avait l'air tellement content d'être avec nous tout au long de la journée… » dit-il avec beaucoup d'émotion dans la voix. Phil écarta donc sa suspicion à l'encontre de Jacques Derennes… pour l'instant… Il rejoignit François qui travaillait sur les procès-verbaux. François dissimulait mal sa joie.

— Bingo ! Le Stéphanois, 4 L fourgonnette blanche, qu'il doit sans doute utiliser pour le transport de ses chiens et Mimich, une 106 rouge !

— Quand je te le disais, qu'il ne fallait pas les perdre de vue ces deux-là ! Je verrais bien le scénario suivant : ils préparent leur coup la veille, pour le coincer le lendemain matin ! Ils l'attendent pas loin du quai, le coup du lapin, ils chargent Castellin dans la 4 L et hop, ils le virent ailleurs, comme pour le chien du Stéphanois !

— Oui, c'est possible, mais pourquoi alors avoir mis la voiture la veille au bord de la route, au risque de se faire repérer ?

— Parce qu'ils ne savaient pas précisément quand il allait arriver…

— Comment pouvaient-ils en être avertis ?

— Pour moi, la seule personne proche de Castellin, c'est Marie-Jo.

— Exact ! Il n'était pas question de le coincer en partant de chez lui, ni sur le quai de départ, trop risqué, il y a trop de monde. Le seul coin tranquille et discret, loin de chez eux, c'est là-bas. Pas mal, non ?

— En effet, il y a encore quelque chose qui nous échappe : les motivations réelles et la complicité éventuelle d'une tierce personne. Mais, à mon avis, nous commençons à brûler !

Yann Le Godarec intervint sur ces entrefaites pour apporter d'autres informations.

— La banque, j'ai des éléments de la banque ! Son sourire en disait long.

— Que nous dit-elle ?

— Côté carte bancaire, chéquier, mouvement sur les comptes… rien !

— Allez, vous avez autre chose, ne nous faites pas languir !

— Côté assurance-vie par contre, du gratiné ! Jean-Baptiste Castellin a fait changer le bénéficiaire de son assurance-vie de cent cinquante mille euros en venant lui-même à la banque et en signant un avenant en présence du directeur et du conseiller commercial, cela fait tout juste un mois ! Et qui est le bénéficiaire, sachant que, précédemment, c'était son épouse ?

— Ne nous dites pas que c'est Ma…

— Marie-Jo, exact, gagné !

— Patron, si nous vous disons que Le Stéphanois a une voiture blanche et Mimich une voiture rouge, vous en pensez quoi ?

— Que vous avez du boulot et que vous avez intérêt à toper ces trois personnes sans perdre de temps !
Question de leur demander quelques explications !

— Nous avons besoin rapidement des services
techniques pour qu'ils inventorient tous les appels
reçus ou donnés par ces trois personnes avant et après
le jour présumé de la disparition. D'autre part, il faudrait demander à la police technique et scientifique
d'inspecter les deux véhicules.

Tout arrivait en même temps. Trop de bonnes nouvelles à la fois, ce n'était pas possible, c'était du déli-
re ! Heureusement que le métier apportait parfois ce
genre de plaisir, cela donnait un coup d'accélérateur
à la vie, une vraie jouissance ! François connaissait
bien un des gendarmes qui avaient participé à l'enquête de voisinage. Il l'appela pour obtenir quelques
précisions.

— Dis-moi, as-tu plus de détails sur la voiture rouge et la blanche ?

— Non, car les témoins n'ont pas cherché à rele-
ver de détails, ne se sentant pas concernés par une
quelconque affaire douteuse. C'est l'appel au témoignage qui nous a permis d'avoir cette info.

— Oui, c'est du bon boulot. J'ai noté que le groupe de jeunes pensait que c'était un couple. Cela veut-
il dire qu'il y avait un homme et une femme dans la
voiture blanche ?

— Là, le témoignage diffère entre eux. C'est toute
la fragilité de la perception visuelle de chacun. Ils

étaient quatre jeunes. Le chauffeur prétend qu'il y avait un homme et une femme dans la voiture blanche et les trois autres pensent que c'étaient deux hommes ; dans le doute, je préfère ne rien noter.

— Je comprends. La voiture blanche pouvait ressembler à quel type de véhicule : berline, monospace, coupé sport, fourgonnette, quatre-quatre ?

— Plutôt de type monospace compact, pas l'Espace ni la 806, mais plutôt du type Picasso, Mégane… mais sans certitude. Par contre, ils sont formels, pas de fourgonnette ni de coupé sport, ce genre est trop caractéristique. Je leur ai fait préciser.

— Et la voiture rouge ?

— Là, ce serait plutôt une berline, classique, genre Clio, 306, Xsara, de couleur rouge.

— Et une 106 ?

— Peut-être… Avez-vous quelque chose ?

— Pour l'instant non, mais ça peut nous faire avancer, on se tient au courant, à bientôt !

Ils convoquèrent Michel Le Page au bureau à Quimper pour le début d'après-midi ainsi qu'Étienne Le Goff et Marie-Jo Le Gall. Tous trois devaient venir avec leur propre véhicule et devaient le garer sur le parking du commissariat de police.

XIII

Michel Le Page fut le premier à arriver. Sa voiture fut immédiatement mise à la disposition du service de la police technique et scientifique pour un examen approfondi.

L'équipe revenait tout juste de chez Jean-Baptiste Castellin où elle venait d'examiner avec soin les lieux, des chambres à la cave en passant par les pièces de vie et de prélever des éléments permettant d'identifier l'ADN du disparu. L'équipe avait aussi passé au peigne fin la voiture et le bateau de Castellin.

Ce service très pointu devait à présent se charger de la voiture de Michel Le Page et, tout à l'heure, de celle du Stéphanois. Le moindre prélèvement de cheveux ou de poils pouvait confondre un suspect.

François et Phil installèrent Michel Le Page dans leur bureau. Son visage trahissait son angoisse. Il était visiblement moins à l'aise que chez lui. Phil commença :

— Nous avons quelques détails à vérifier sur votre emploi du temps. Qu'avez-vous fait dans la soirée de samedi, veille de la disparition de… votre voisin ?

— Samedi ? Je m'en souviens très bien. Je suis allé faire un tour à Carhaix et je me suis arrêté boire un pot dans un bistrot, rue des Martyrs, où j'ai d'ailleurs retrouvé des copains.

— Dont Le Stéphanois ?

— Non, pas du tout, nous n'avions pas prévu de nous voir.

— Ah, et pourquoi ? Vous êtes inséparables pourtant, non ?

— Nous ne sommes pas mariés ensemble que je sache !

— Quelle heure était-il lorsque vous êtes arrivé à Carhaix ?

— Il devait être vingt et une heures trente environ, car j'ai quitté la ferme vers vingt et une heures.

— De Châteauneuf-du-Faou à Carhaix, il y a la route de Spézet, n'est-ce pas ?

— Évidemment !

— Comment vous êtes-vous rendu à Carhaix ?

— Avec ma voiture ! Comment voulez-vous y aller autrement à partir de la maison ?

— Qu'avez-vous comme voiture ?

— Une Peugeot 106.

— De quelle couleur ?

— Rouge.

— À quelle heure êtes-vous rentré et par quel moyen ?

— J'ai quitté le bar vers vingt-trois heures ; mais je ne suis pas rentré. Je suis allé au dancing "Le point de vue" à Laz, car il y a toujours du monde mais ça ne bouge guère avant minuit… Là-bas, j'ai retrouvé de nombreuses connaissances, c'est un lieu de rencontres très sympa…

— Oui, nous savons ! rétorqua Phil en lançant un regard vers François qui dissimula mal son sourire, sans que Michel Le Page ne comprenne quoi que ce soit à l'allusion. Et cette fois, est-ce que Le Stéphanois se trouvait avec vous ?

— Non, mais pourquoi voulez-vous qu'il soit toujours où je me trouve ? Si vous avez quelque chose à voir avec lui, interrogez-le mais fichez-moi la paix !

— Rassurez-vous, c'est ce que nous allons faire, juste avant de vous signifier une garde à vue !

— Une garde à… vue ? Mais je n'ai rien fait ! Si vous me cherchez parce que j'ai dit que Castellin c'était un con, je vous le redis volontiers, pour le reste c'est votre affaire, à chacun sa « merde » !

— Pourquoi dites-vous : « c'était un con » ? Jusqu'à preuve du contraire, nous ne savons pas s'il est mort. Nous sommes sans nouvelles de lui. Est-ce que cela veut dire que, pour vous, il est mort et que vous en savez plus que nous sur ce qu'il est devenu ?

— J'ai dit « c'était » comme ça, sans réfléchir, mais vous m'embrouillez avec vos questions, à la fin ! Ne me parlez plus de Castellin…

— Dommage pour vous, car nous ne faisons juste que commencer. Qui peut attester vous avoir vu au dancing "Le point de vue" ?

— Toutes les personnes avec qui j'ai parlé ou bu un verre. Là, pas de problème, vous pouvez y aller, j'ai des témoins.

— Figurez-vous que nous n'en avons jamais douté. Quand on veut un alibi, on va généralement là où il y a du monde. Ce qui nous importe, c'est que quelqu'un puisse attester que vous y étiez avec votre voiture, une Peugeot 106 rouge.

— Mais arrêtez votre cirque ! Quand vous prenez un verre avec quelqu'un dans un bar, à plus forte raison dans un dancing, un samedi soir, qu'il y a des centaines de personnes et autant de voitures dehors, vous allez voir avec quelle voiture ces personnes sont venues ? Allez, répondez-moi !

— Ici, c'est nous qui posons les questions, monsieur Le Page, ne tentez pas d'inverser les rôles pour éviter de répondre. Qui vous a vu avec votre voiture et repartir chez vous avec cette voiture ?

Long silence. L'embarras se transformait en angoisse.

— À quelle heure avez-vous quitté le dancing ?

— Entre une heure et deux heures du matin.

— Monsieur Le Page, soyez précis ! Il était une heure ou deux heures du matin ?

— Deux heures !

— Et bien voilà… quand vous voulez faire un effort…

Le téléphone sonna. Le Stéphanois venait d'arriver. Comme convenu, Phil laissa la place à François pour le reprendre en douceur et jouer la carte du conciliant. Phil quitta le bureau en apostrophant Michel Le Page :

— Vous avez intérêt à vous souvenir de tout dans le détail, sinon, vous n'êtes pas près de remonter sur votre tracteur, complicité de meurtre, à mon avis ça pousse un peu loin !

— M… à la fin, vous me faites ch… Puisque je vous dis que je n'ai rien fait, RIEN ! VOUS M'EN-TENDEZ ? RIEN ! se mit-il à crier.

Phil sortit. François attendit quelques instants pour reprendre. La sueur coulait sur le front de Michel Le Page, sa chemisette commençait à se mouiller. Il devenait progressivement pitoyable. François savait qu'il pouvait agir, c'était son terrain de prédilection.

— Est-ce que vous voulez un peu d'eau fraîche, monsieur Le Page ?

— Je veux bien…

François prit une bouteille d'eau minérale dans le petit réfrigérateur situé dans le coin du bureau. Il se saisit de deux gobelets et servit. Michel Le Page but le verre d'un seul trait. François le remplit à nouveau.

— Écoutez, monsieur Le Page, j'ai lu vos états de service à l'armée, peu de gens peuvent se prévaloir d'un tel parcours… Nous ne sommes que tous les deux. J'ai confiance en vous, essayez de m'aider en réfléchissant au moindre détail de la soirée, comme par exemple, le copain que l'on croise, à l'intention duquel on klaxonne, vous voyez ce que je veux dire, le détail… prenez votre temps. Je veux vous aider, en contrepartie, aidez-moi en m'apportant des réponses, d'accord ?

— Oui, je veux bien, reprit-il calmement, essayant visiblement de faire appel à sa mémoire. Mais ce que je ne comprends pas dans votre démarche, c'est que tout le monde a vu Castellin dimanche matin et votre collègue m'agace pour le samedi soir…

— Quand vous dites tout le monde l'a vu dimanche matin, vous parlez de qui par « tout le monde » ?

— Le Stéphanois l'a aperçu quitter son domicile de bonne heure. En bas de la ville, au bistrot, chez Odile, des collègues l'ont vu quitter le quai dans son bateau, après avoir mis sa bagnole sur le parking…

— Peut-être, sans doute même. Mais pour nous, tout démarre dans la nuit de samedi. Est-ce que vous connaissez madame Le Gall Marie-Joséphine dite Marie-Jo ?

— La belle de nuit de Castellin, pour éviter d'être vulgaire, sinon vous allez encore me taxer de je ne sais quoi ?

— Qu'est-ce qui vous permet de la qualifier de la sorte ?

— Écoutez, pas à moi ! Vous ne voulez pas me la faire passer pour une sainte, j'espère ? J'ai un ami qui était commissaire à Paris dans l'arrondissement où elle avait son bar à putes. Il est en retraite maintenant et habite sur la route de Châteaulin. Mais il m'avait dit qu'il lui avait fermé plusieurs fois son bordel !

— Et alors ?

— Ce n'est pas mon style…

— La question n'est pas là. Mais la connaissez-vous ?

— Non, il m'est arrivé de la croiser à Carhaix, mais c'est tout. Nous ne nous sommes jamais parlé. Mais, aux dires de mon ami, elle avait pas mal d'hommes de main à une époque. Les relations, ça se renoue vite…

— Qu'entendez-vous par là ?

— Écoutez, ne faites pas l'innocent… nous nous comprenons, n'est-ce pas ?

— Bon. Monsieur Le Page, revenons à nos affaires. J'ai besoin de savoir où se trouvait votre voiture de samedi en fin de journée à dimanche matin…

— Mais pourquoi ma voiture ?

— Je vais être clair avec vous. Ça reste entre nous et ça ne sort pas d'ici, on est d'accord ?

— Oui… alors ?

— Votre voiture nous a été signalée, dans la nuit de samedi, à proximité de l'endroit où se trouve le bateau de Castellin. Vous comprenez notre embarras ?

— Impossible, je vous dis que c'est impossible !

— Je l'ai bien entendu. Mais, en réalité, concrètement, comment pouvez-vous me le prouver ?

Long silence embarrassé de Michel Le Page.

— Est-ce que vous réalisez la gravité de la situation ? Nous nous dirigeons vers une complicité de meurtre, voire vers un meurtre avec préméditation, ce qui serait encore plus grave…

— C'est vrai ce que disait votre collègue tout à l'heure, alors ?

— Tout à fait !

— En passant, vous direz à votre collègue qu'il se calme. Car je n'ai rien fait et il faudrait qu'il me traite autrement ! Je ne vais pas me laisser emmerder par un petit jeune.

— D'abord, je ne dirai rien à mon collègue. Le lieutenant Bozzi est un officier de police judiciaire remarquable qui a la vocation. Il est sorti major de sa promotion de l'école des officiers de police. Il va jusqu'au bout des choses avec droiture et efficacité. Son unique souci, c'est la justice. Alors, lorsque nous sommes face à une disparition qui peut s'avérer être un meurtre, il ne fera aucun cadeau au coupable, quelle que soit la qualité ou la perversité de l'homme disparu. Comprenez et retenez bien ce que je viens de vous dire ! Aussi, pour revenir à vous, je suis désolé, mais vous êtes dans les premiers suspects.

— Tout ça pour ma voiture ?

— Oui, mais je ne vais pas vous redire tout ce que je viens de vous dire. Alors, cette Peugeot 106 rouge, où a-t-elle passé la nuit de samedi ?

Mutisme complet…

Michel Le Page baissait la tête et regardait le sol fixement.

— C'est simple, si vous n'avez rien à me dire. Nous arrêtons là l'entretien. J'avertis le commissaire et nous vous mettons en garde à vue. François fit mine d'arrêter le micro-ordinateur et de ramasser quelques affaires.

— Non… attendez…

— Je veux bien vous donner une dernière chance, mais là, il me faut du concret, n'essayez pas de gagner du temps, ceci se retournera contre vous !

— Oui, je sais… mais je veux toute la confidentialité sur ce que je vais vous dire.

— Je vous écoute, j'aviserai en conséquence.

— Non, je veux être sûr !

— Parlez d'abord. Je vous propose de ne rien noter pour l'instant. Je vous écoute et, après, nous en discuterons…

La tension était au maximum. François sentait bien qu'il allait parler, il ne fallait pas lâcher. Pourvu que Phil n'arrive pas à ce moment précis ! Qu'avait-il à dire de si important ?

— Voilà… mais je ne veux pas que ça se sache. Samedi, je suis allé à Carhaix boire un verre car une femme venait me rejoindre… Elle n'est pas libre, vous comprenez ?

— Allez-y, continuez…

— Dès qu'elle est arrivée, nous sommes partis au dancing à Laz. Nous y avons retrouvé des amis et nous sommes rentrés tous les deux chez moi.

— Avec votre voiture ou avec la sienne ?

— La mienne, elle était venue à pied me rejoindre. Je l'ai ramenée à Carhaix alors qu'il commençait à faire jour. Il devait être entre cinq et six heures. Son mari était de nuit : il commençait à vingt-trois heures et n'allait pas rentrer avant huit ou neuf heures…

— Je vois… Est-elle prête à témoigner ?

— Vous n'y pensez pas ! Faut pas débarquer chez elle et, en plus, son mari n'est pas très malin. Il serait capable de la tabasser après…

— D'accord, mais je fais comment ?

— Je viens de vous dire la vérité.

— Peut-être… Et si cette femme est votre complice ? Un faux témoignage dans une affaire de meurtre, ça va chercher loin…

Il se leva d'un bond, projetant sa chaise à la renverse pour se mettre au garde-à-vous.

— Je vous jure que c'est la vérité ! Parole de militaire !

Il resta ainsi, droit, immobile. François dut lui demander de se mettre au repos et de s'asseoir. Il objecta, demandant de le croire d'abord. François le considéra sincère. Il avait une longue expérience des interrogatoires et se croyait capable de distinguer un homme qui ment d'un homme qui dit la vérité. Pour lui, Michel Le Page disait la vérité. Sa voix, ses yeux, ses paroles et sa référence aux valeurs militaires, autant de signes qui ne trompaient pas. Il obtint l'état civil de la dame mais dut lui promettre de ne ressortir ces éléments que si l'évolution de l'affaire l'y obligeait.

L'équipe de la police technique et scientifique venait de terminer le travail de prélèvement, il fallait attendre les résultats. Pour la voiture de Michel Le Page, il n'y avait rien de marquant à signaler. Par contre, des traces de sang, relevées dans celle du Stéphanois avaient fait l'objet d'un prélèvement.

L'entretien avec ce dernier coupa court. Suite à un vol dans un magasin avec attaque à la voiture-bélier dans la nuit de vendredi à samedi, son employeur, la société de gardiennage, l'avait appelé. Il travaillait exceptionnellement dès la soirée de samedi afin de rester sur place avec son chien toute la nuit, dans ce magasin car les réparations étaient provisoires. Il n'était rentré à son domicile que vers huit heures le dimanche matin à l'arrivée de l'équipe de l'entreprise venue pour réparer ; ceci expliquait du même coup qu'il ne s'était pas rendu au dancing comme il avait l'habitude de le faire le samedi soir ou le dimanche soir.

Si les jeunes, voire les très jeunes, dominaient dans ces soirées, il expliqua à Phil que le brassage des âges, rare ailleurs, restait une réalité dans ce dancing : de nombreux groupes, plus âgés que la moyenne habituelle, venaient se retrouver, célibataires, veufs, divorcés ou "célibataires d'un soir"…

Avant de relâcher les deux hommes, Phil et François se rendirent au bureau du patron. François défendit la cause de Michel Le Page qui lui paraissait un homme de parole. Ils abandonnèrent l'hypothèse de la garde à vue dans l'immédiat. Les deux hommes purent repartir libres.

Marie-Jo Le Gall attendait depuis plus d'une heure et commençait à se morfondre sur sa chaise dans le couloir.

Elle se leva en voyant revenir Phil et François, contente de retrouver des visages connus. Invitée à entrer et à s'asseoir, elle s'installa de façon naturelle et décontractée, visiblement pas sur la défensive. Elle parla la première :

— Alors, avez-vous du nouveau ? Qu'allez-vous m'apprendre sur Jean-Bat ?

— Pour l'instant rien, madame Le Gall. Et vous, comment allez-vous depuis notre dernière rencontre à Carhaix ?

— Je vais mieux. Je me suis reposée. Mais je n'y comprends toujours rien et je n'arrive pas à trouver la moindre explication à cette situation, pour le moins mystérieuse.

— Pouvez-vous nous repréciser vos relations avec monsieur Castellin ?

— Elles sont parfaites. Nous nous aimons. Comment vous dire, c'est comme si nous étions mari et femme, mais que chacun reste habiter de son côté. Cette situation a un côté merveilleux, je trouve, ajouta-t-elle avec un sourire enjôleur.

— Est-ce que cela veut dire que chacun est prêt à tout donner à l'autre ?

— Qu'entendez-vous par tout donner ?

— Je ne sais pas précisément. D'abord, avez-vous des héritiers ?

— Oui, bien sûr, mais tellement éloignés… Des petits-neveux ou nièces que je n'ai jamais vus, que je n'ai jamais cherché à rencontrer et inversement.

— Et monsieur Castellin ?

— Je sais qu'il a été marié deux fois et qu'il n'a jamais eu d'enfant.

— Selon vous, peut-il en avoir ?

— Je l'ignore, ce n'est plus mon problème, à mon âge…

— Je comprends. Comme vous n'avez pas d'héritiers directs, ni l'un ni l'autre, avez-vous songé à prendre des dispositions testamentaires ou successorales ?

— Non, aucune… Une fois nous sommes venus à en parler. Je m'en souviens bien. Il m'avait demandé mon état civil précis à cette occasion. Je le lui avais fourni, puis nous n'en avons plus jamais parlé.

— Selon vous, dans quel but vous avait-il demandé ces renseignements ?

— Je l'ignore… Je m'étais dit, à l'époque, que, si notre relation durait, un jour, je lui dirais ce que je possédais et que, peut-être, il valait mieux que ça lui profite, si toutefois je venais à disparaître avant lui, c'est tout. Plutôt que de laisser une grosse part à l'État et à des personnes qui n'ont jamais rien eu à faire de moi…

— Et lui, croyez-vous qu'il soit dans les mêmes dispositions envers vous ?

— Je ne le sais pas, pourquoi pas ? Je pense que, si je franchissais le pas, il le ferait aussi…

— Dans le cadre de l'enquête que nous menons, notre requête auprès de sa banque nous apprend, qu'il y a tout juste un mois, monsieur Castellin a changé le bénéficiaire d'un contrat d'assurance-vie de capitalisation qu'il détient dans celle-ci. Il vous a précisément désignée comme bénéficiaire à la place de son ex-épouse.

— Oh, mon Dieu… Pourquoi a-t-il fait cela sans m'en parler ?

— C'est la question que nous vous posons.

— Je ne sais pas… je ne sais pas… Marie-Jo se mit alors à pleurer doucement, douloureusement et murmura : que se passe-t-il ? qu'y a-t-il derrière cette disparition ?

— Vous comprendrez, Madame, que ceci fait de vous la suspecte numéro un !

— Suspecte ? Mais vous rigolez ! J'ignore le montant de cette assurance-vie et je n'en ai pas besoin. Je vis modestement, mais heureuse, et je dispose de plus d'argent que je n'en dépenserai jusqu'à la fin de mes jours… L'immobilier à Paris, en quelques dizaines d'années, ainsi que la vente de mon affaire m'ont permis de disposer d'un capital très important. Je n'attends rien et n'ai besoin de personne.

— Justement, parlons de votre affaire, celle que vous avez vendue. Notre fiche des Renseignements Généraux fait figurer un palmarès impressionnant… plusieurs fermetures par décision de justice, drogue, équipe de gros bras à votre solde…

— Je ne vous ai pas caché que les affaires devenaient difficiles dans la capitale, dans ce métier, surtout la nuit. J'ai été victime de racket, de la drogue à mon insu dans mon établissement, de pressions de toutes sortes. Je me suis protégée comme j'ai pu et j'ai même craqué à un moment, puis j'ai vendu. Une femme seule à la tête d'une affaire de ce genre à Paris, c'est devenu impossible à tenir, sauf si vous pouvez vous doter de votre propre moyen de protection. C'est ce que j'ai fait. Mais, de là, à vouloir aujourd'hui, supprimer la personne que j'aime pour une assurance-vie dont j'ignorais l'existence jusqu'à tout à l'heure ! Excusez-moi, mais là, vous êtes à côté de la plaque ! Si c'est tout ce que vous avez fait pour tenter de retrouver mon Jean-Bat ! C'est foutu ! Il est peut-être en danger de mort quelque part, retenu contre son gré, victime d'un fou ou de personnes machiavéliques… La seule chose qui vous intéresse, c'est de savoir pourquoi il m'a désignée comme bénéficiaire d'une assurance-vie ! Je suis déçue, très déçue… Si vous voulez m'arrêter, arrêtez-moi, je m'en fiche, mais trouvez-le par tous les moyens, que je sache la vérité !

Phil et François furent complètement déroutés. Ils partaient pour la mettre en garde à vue et voilà que son accent de sincérité ne leur permettait pas de douter de son honnêteté. Ils appelèrent un gardien de la paix pour surveiller madame Le Gall, puis allèrent voir le patron. Après discussion, il fut décidé de la laisser rentrer chez elle. La police technique et scientifique n'allait pas tarder à donner les résultats des prélèvements dans sa voiture et surtout la liste des appels téléphoniques qu'elle avait reçus ou donnés.

De nouveau seuls dans leur bureau, Phil et François ressentaient cette douloureuse impression de se trouver dans une impasse. Ils croyaient détenir des pistes sérieuses et voilà que rien ne tenait debout ! Ils devaient tout reprendre à zéro ! Existait-il un suspect qu'ils avaient ignoré ? Quant aux trois personnes qu'ils venaient d'interroger, avaient-ils laissé échapper un point sur lequel tout reposait et qui pouvait permettre de découvrir la vérité ?

XIV

Mardi 5 août.

La morosité s'affichait très nettement chez Phil et François. Et, toujours cette canicule qui n'en finissait pas, empêchant de dormir normalement la nuit et accélérant le décès des personnes fragiles. L'agriculture commençait aussi à souffrir de plus en plus. Dans certaines régions, le problème de l'élevage devenait dramatique : mortalité exponentielle dans les productions hors-sol et manque de fourrage pour les éleveurs en plein air. La solidarité commençait à se mettre en place, sauf entre les partis politiques qui préféraient les batailles verbales à l'action concrète et efficace sur le terrain, comme d'habitude…

Tous les procès-verbaux relus et repris dans le détail n'apportèrent pas cette lumière tant attendue.

Les médias annonçaient bien que Mars allait passer très près de la Terre vers la fin du mois d'août, ce qui commençait à passionner les populations, une analyse de Mars devant nous apporter un éclairage nouveau sur nos origines. Ceci fit dire à Phil, afin de détendre l'atmosphère :

— Crois-tu François, que cela apportera aussi un éclairage nouveau sur notre dossier ?

Au même moment, le portable de François laissa entendre sa sonnerie. C'était le notaire chargé de la vente du bien immobilier de madame Le Brizac et de monsieur Castellin…

Les civilités rapidement évacuées, celui-ci en vint au fait.

— Je vous appelle car la vente immobilière risque très rapidement de se compliquer. Je vais vous expliquer. Mais, surtout, vous m'arrêtez si quelque chose vous échappe, car le cas est tout à fait particulier et un peu complexe.

— Par "particulier" voulez-vous dire rare ?

— Non, pas rare pour ce genre de situation dont l'intérêt est fiscal. Je devrais plutôt dire un peu plus complexe. Jean-Baptiste Castellin, en quittant son entreprise pour prendre sa préretraite, avait perçu un capital représentant les participations aux bénéfices de plusieurs années et divers avantages. Une partie de ce montant, cent cinquante mille euros exactement, a été placée en capitalisation en assurance-vie auprès de sa banque. À la souscription, le bénéficiaire était madame Le Brizac. Depuis un mois environ, le souscripteur, monsieur Jean-Baptiste Castellin, et c'est son droit le plus absolu, a fait radier le premier bénéficiaire pour le remplacer par madame Marie-Joséphine Le Gall.

— Oui, nous l'avions appris.

— Très bien. Or, ce capital était destiné, en cas de mévente du bien immobilier ou autre cas imprévu, si nécessaire, à rembourser un prêt immobilier *in fine* contracté auprès de la même banque.

— Qu'est-ce qu'un prêt *in fine* ?

— C'est un prêt dont le remboursement s'opérera en une seule fois à l'échéance. Dans notre cas, il a servi à financer un bien immobilier à usage locatif dans le cadre de la défiscalisation de la loi Périssol. Ce qui signifie que ce prêt ne s'amortit pas. Chaque année, l'emprunteur paye seulement les intérêts. Au terme des neuf ans, pour le cas qui nous concerne, car la loi Perissol oblige le propriétaire de ce type de logement à louer son bien pendant cette durée, le produit de la vente remboursera logiquement le crédit. Et si le marché de l'immobilier ne se porte pas bien ou si le bien est en mauvais état et qu'il est constaté une moins-value, le placement en assurance-vie vient compenser ce qui pourrait manquer éventuellement.

— Je ne comprends pas la manœuvre. Quel est l'avantage de ce type de prêt lorsque l'on dispose de l'argent pour payer le bien immobilier ?

— Si, au contraire, c'est très avantageux. Le client capitalise les intérêts de son assurance-vie, exonérés d'impôts car le contrat a été souscrit avant le 23 octobre 1998 et pour une durée égale ou supérieure à huit ans.

— Je comprends côté placement.

— Quant au crédit, les intérêts sont constants tout au long de la durée du crédit et sont déductibles des revenus fonciers, ce qui permet, avec les autres avantages déductibles, d'être déficitaire. De ce fait, plus vous vous situez dans une tranche marginale d'imposition élevée et plus c'est intéressant.

— D'accord ! C'est effectivement un peu compliqué, mais, jusque-là, j'ai compris. Ce qui m'intéresse à présent c'est la suite…

— J'y arrive. Ce cas particulier fait que madame Le Brizac se trouve dans une drôle de situation.

— C'est-à-dire ?

— Elle ne peut plus disposer du capital de cette assurance-vie pour rembourser le prêt.

— Je comprends bien, mais, sur un crédit, n'existe-t-il pas généralement des assurances souscrites auprès de la banque pour rembourser le prêt en cas de problème ?

— Justement il y a bien une assurance-décès souscrite sur ce prêt pour le montant du crédit de cent cinquante mille euros. Mais le problème devient entier et c'est pour cette raison que je viens vers vous… Monsieur Jean-Baptiste Castellin n'est que "disparu" à l'heure actuelle et pas décédé que je sache ?

— Exact !

— Dans ce cas précis, pas de prise en charge possible par l'assurance tant que la compagnie ne connaîtra pas l'issue de vos recherches. Par contre, la banque va réclamer, à partir du 31 août prochain, les cent cinquante mille euros à madame Le Brizac pour procéder au remboursement du crédit qui sera à échéance.

— J'ai bien compris. Vous vous trouvez donc en situation de blocage tant que nous ne savons pas ce que monsieur Castellin est devenu !

— Tout à fait !

— Ce que vous venez de me dire me paraît de la plus haute importance. Sachez que le haut-parleur de mon poste est en fonctionnement ce qui permet à mon collègue d'écouter et d'assister à nos échanges. Par ailleurs, tout est enregistré également.

— Pas de problème… je le comprends parfaitement.

— Pouvez-vous nous accorder encore quelques minutes de votre temps ? Afin de tenter d'envisager avec vous diverses hypothèses.

— Bien entendu, avec plaisir.

— Merci, Maître. Normalement, ce qui était prévu était que le bien immobilier soit vendu. Connaissez-vous le prix de vente possible ou espéré ?

— Sans difficulté, cent quatre-vingt mille euros.

— Bien. Dans ce cas, le produit de la vente vient rembourser le prêt *in fine*, puis il leur reste trente mille euros à se partager, soit quinze mille chacun.

— Nous sommes d'accord, sous réserve de déduire les impôts pour plus-value, mais négligeons cet aspect pour l'instant, pour la simplification de nos échanges.

— D'accord. L'assurance-décès du crédit n'a pas lieu de fonctionner et, en l'occurrence, le capital de l'assurance-vie n'est pas touché et reste en totalité à monsieur Castellin, point final !

— C'est en effet tout à fait exact.

— Maintenant, autre hypothèse. Monsieur Castellin veut jouer un tour pendable à son ex-épouse. Il disparaît dans la nature en ayant désigné sa maîtresse comme bénéficiaire de l'assurance-vie. Cette fois, madame Le Brizac se récupère tous les ennuis…

— Oui, et c'est le cas présent.

— Voyez-vous d'autres hypothèses ?

— Je n'ai pas réfléchi à la question sous cet angle. Je me suis contenté de gérer la réalité.

— Voyons… réfléchissons… si monsieur Castellin n'était pas disparu, mais décédé Maître, que se passerait-il ? Pouvez-vous nous l'expliquer ?

— Oui, bien sûr, je vais tenter de ne pas aller trop vite en vous énonçant tout ce qui pourrait découler de ce décès. D'abord, le prêt *in fine,* cette fois, est remboursé par l'assurance-décès souscrite sur le crédit. Par ailleurs, nous détenons à l'étude des dispositions testamentaires olographes qui prévoient qu'en cas de disparition de l'un ou de l'autre, le survivant sera bénéficiaire de la totalité.

— Ce qui signifie que madame Le Brizac percevrait la totalité de la vente soit les cent quatre-vingt mille euros moins les frais de plus-value et divers…

— Oui, sans aucun doute.

— Madame Le Brizac savait-elle qu'elle n'était plus bénéficiaire de l'assurance-vie capitalisée à la banque ?

— Non… Elle l'a découvert lorsque je le lui ai appris. Elle était furieuse. Sa réaction a été violente. Elle voulait sur le champ tenter de poursuivre madame Le Gall pour manœuvre ou manipulation ou malversation ou je ne sais quoi. Elle était folle de colère et de rage !

— Le peut-elle ?

— Non. J'ai vérifié auprès de la banque. Le changement s'est effectué du plein gré de monsieur Castellin, visiblement calme et détendu selon les deux témoins : le directeur de l'agence et le conseiller commercial. Il paraissait donc sain de corps et d'esprit et il a ordonné de tenir ce changement confidentiel.

— Madame Le Brizac envisageait, j'imagine, de percevoir les cent cinquante mille euros !

— En cas de décès, toujours, bien entendu. Mais le montant est bien plus important, car capitalisé !

— C'est-à-dire ?

— Qu'il y a neuf ans, le capital souscrit était de cent cinquante mille euros, mais aujourd'hui, en prenant un taux moyen, même très faible, de cinq pour cent, capitalisé, les intérêts, chaque année, s'ajoutent au capital produisant à leur tour des intérêts… Au terme des neuf ans, le capital serait de deux cent trente-deux mille six cent vingt-neuf euros vingt-trois centimes !

— En résumé, la solution idéale pour madame Le Brizac est le décès de son ex-époux car elle pensait percevoir, le produit de la vente du bien immobilier, soit cent quatre-vingt mille euros, l'assurance-vie capitalisée, arrondissons à deux cent trente-deux mille euros, soit déjà quatre cent douze mille euros... Excusez-moi, Maître... mais j'aime bien faire la conversation en francs, plus de deux millions sept cent mille francs !

— C'est bien ça. Et l'assurance-décès du crédit remboursant le prêt !

— Oui, j'avais oublié ce point. C'est éloquent ! Merci beaucoup, Maître, pour toutes ces informations précieuses. Nous allons y réfléchir et établir un autre procès-verbal relatant ces informations.

Le téléphone raccroché, ils restèrent tous les deux silencieux, comme s'ils avaient été sonnés, vidés par un interrogatoire difficile.

Ils laissèrent leur esprit intégrer toutes ces données et vagabonder avant d'échanger à nouveau sur cette affaire.

Phil fut le premier à réagir.

— À qui profite le crime ? Il faut toujours commencer par là.

— À madame Le Brizac surtout et, de fait, à Marie-Jo.

— Et si ces deux femmes s'étaient mises d'accord ? Elles se forgent un alibi béton, utilisent des hommes de main et empochent le fric !

— Nous avons déjà rencontré ce genre de situation, rien n'est impossible pour de l'argent. Et il faut savoir que madame Le Brizac est supérieurement intelligente, donc capable de faire réaliser ses ordres, sans se mouiller, et Marie-Jo peut fournir la main-d'œuvre !

— Oui, je suis d'accord. Je rajouterai même que ceci peut s'imaginer à trois, le troisième étant Michel Le Page. Son simple intérêt étant de retrouver son droit de passage. Sans être le meurtrier, il peut être complice le dimanche matin.

— Oui, ce sont de bonnes idées. Essayons de les mettre sur papier. Madame Le Brizac conçoit le plan complet. Elle se protège ensuite par son club de bridge à Rennes et sa sortie. Marie-Jo attend l'oiseau, c'est-à-dire Jean-Baptiste Castellin, dès qu'il appelle pour dire qu'il arrive chez sa belle, elle lâche son homme de main qui élimine Castellin. Mais ce tueur à gages n'est pas du coin, le hasard veut qu'il ait une voiture rouge. Michel Le Page vient prendre livraison du colis, pas avec sa voiture mais avec celle de son copain qui bénéficie d'un alibi béton avec son gardiennage. À ce titre, comme la police scientifique n'a rien trouvé dans la voiture, Castellin a très bien pu être enveloppé dans une bâche en nylon. Puis ensuite, il fait disparaître le corps et, là, les lieux ne manquent pas. Du côté de Saint-Goazec, des centaines de trous d'eau, anciennes ardoisières, sont accessibles. Il y en a un fameux, "L'eau verte", il se dit même que, pendant la guerre, il s'y serait passé de drôles de choses… mais là n'est pas notre sujet. Toujours est-il que, si Castellin, lesté, est jeté dans un de ces trous, il ne sera jamais retrouvé…

— Qu'est-ce que tu en penses ?

— Que c'est tout à fait possible. Lorsqu'il y a des intérêts en jeu, tout est envisageable ! Le meilleur et le pire peuvent se réunir l'espace d'un coup !

— Allons voir le patron !

XV

Le patron, Yann Le Godarec, écouta calmement les hypothèses retenues par Phil et François.

Il trouvait le résultat de leurs réflexions très intéressant.

Mais il savait trop qu'une hypothèse, si elle paraît satisfaisante ainsi sur le papier, peut parfois se situer loin de la réalité.

— Rien n'est impossible et il faut tout vérifier. Dans cette affaire, nous avons de la chance de n'avoir aucune pression des médias ni des décideurs de la ville ou de la région, contrairement à l'affaire Le Louarn. Ceci nous offre la possibilité de travailler tranquillement et avec méthode. Castellin, presque personne ne le connaît. Aujourd'hui, si vous écoutez, regardez ou lisez les médias, il n'y a plus que la canicule qui compte, alors, profitons-en !

— Oui, c'est vrai. Je pense qu'au-delà de ce que nous attendons de la police technique et scientifique, nous devons demander une mise sur écoute des deux femmes et de Michel Le Page. Et, selon nos premiers résultats, il faudra déclencher une perquisition chez ces trois personnes, recommanda Phil.

— Les autres ne vous intéressent plus ? demanda Yann Le Godarec.

— Le Stéphanois est bloqué avec son chien en gardiennage…

— Dans la nuit de samedi à dimanche, mais pas le dimanche toute la matinée.

— Oui, c'est vrai, gardons-le sur la liste des suspects.

— Et Jacques Derennes ?

— Nous ne l'avons jamais vu, mais il "marche à côté de ses pompes", nous avons eu l'hôpital où il a été conduit après sa tentative de suicide. C'était la cinquième ! Alors, nous laissons tomber.

— Et Pierre Le Duruff ?

— Il est dans sa peinture jusqu'au cou, ne quitte pas sa maison, sa voiture n'a pas bougé de devant son garage de toute la semaine. Il n'habite pas en ville et, se déplacer à partir de chez lui, ce n'est pas simple, si ce n'est en voiture…

— Bon, très bien… Je vois avec le procureur et je compte sur vous pour avancer.

De retour au bureau, François appela les collègues de la police technique et scientifique.

— Les analyses n'ont rien donné… Quant aux traces de sang dans la voiture du Stéphanois, elles concernent un chien. Il n'y avait rien d'humain à l'arrière de cette voiture…

— Et les appels téléphoniques donnés et reçus par nos six personnes ?

— Rien non plus. Elles ne se sont pas appelées entre elles. Pas de lien *a priori,* ce qui ne veut rien dire pour autant. Elles peuvent être très prudentes tout simplement.

— Avez-vous réussi à obtenir leur portable ?

— Bien sûr ! Je parlais tout à l'heure de leur poste fixe à leur domicile mais aussi de leur portable, y compris professionnel. Nous avons pratiqué aussi large que possible.

— D'accord. Très bien.

— Il n'y a juste qu'un détail…

— Oui, Lequel ?

— Mais, à notre avis, sans grande importance : Madame Le Brizac a reçu quelques appels en provenance de différentes cabines téléphoniques.

— Les avez-vous localisées ?

— Oui, les cabines se situent, sur Rennes, disons *intra-muros* ou dans les environs, vers le nord-ouest de la ville, du côté du Pont-de-Pacé ou de Montauban-de-Bretagne.

— Effectivement, nous venons justement de parler d'elle avec le patron. Il faut passer à la vitesse supérieure et la mettre sur écoute. Il se charge de voir la question avec le procureur.

— Très bien. Dès que nous aurons le feu vert, nous passerons à l'acte. Toujours pour information, Pierre Le Duruff a aussi reçu deux ou trois appels de cabines situées en centre-ville de Rennes. Est-ce d'une petite amie ? D'un membre de sa famille ?

— Il n'est pas en première ligne dans notre affaire, mais ajoutons-le également sur la liste des écoutes. Nous avisons le patron pour qu'il l'intègre également.

— Bien, d'accord. Sinon, nous ne voyons rien de bien spécial qui puisse vous intéresser. Pour en revenir aux écoutes, si vous voulez, nous pouvons coupler les bandes-son directement sur ordinateur de sorte que, si l'un des six est amené à appeler un autre d'entre eux, nous le saurons tout de suite.

— Même s'ils modifient leur voix ?

— Oui, aucun problème, les sons sont reproduits sur graphes et ensuite rapprochés. Ce n'est pas la forme de la voix ni l'intonation qui compte mais les compositions des sons, c'est imparable.

— Dans ce cas, chaque appel arrivant ou sortant est automatiquement comparé, c'est bien ça ?

— Oui, exactement, l'ordinateur gère et compare en permanence, quand il a deux voix identiques, il déclenche une alarme… Par exemple, dans votre cas, si Michel Le Page appelle madame Le Brizac, même d'une cabine publique, nous le saurons.

— Parfait. Surtout, dès que vous avez du neuf, prévenez-nous !

— Comme d'habitude !

François appela ensuite la police de Rennes pour les enquêtes de voisinage concernant madame Le Brizac et monsieur Jacques Derennes. Celles-ci n'avaient rien donné. L'officier de police leur apprit que

Jacques Derennes venait une nouvelle fois d'attenter à sa vie et qu'il était hospitalisé. Phil appela, sans conviction, la brigade de gendarmerie qui se chargeait de l'enquête de voisinage concernant Pierre Le Duruff puisqu'il habitait à la campagne. Rien de marquant n'était à signaler, si ce n'était un détail.

— Ah, et lequel ? s'enquit Phil.

— Nous nous sommes rendus dans le lieu-dit où il habite. Nous avons interrogé les deux voisins. La première maison en arrivant nous a semblé inoccupée depuis longtemps. Nous avons rencontré l'habitant de la deuxième puis de la troisième maison…

— Oui, et alors ?

— Celui qui habite tout au bout, dans la troisième maison, nous a simplement dit qu'un taxi était venu prendre en charge Pierre Le Duruff, samedi dans l'après-midi. D'après l'horaire, juste après qu'il soit allé chez le voisin chercher la décolleuse à papier. Il devait être quatorze heures quinze environ. Ce qui l'a surpris, et c'est la raison pour laquelle il nous en a parlé, c'est que monsieur Le Duruff ait été pris en charge à quelques centaines de mètres de chez lui à un abribus qui sert pour le ramassage scolaire.

— Comment ça ?

— Oui, nous sommes allés voir au fond du champ de Pierre Le Duruff, il y a une route qui dessert quelques fermes. Il a dû la rejoindre pour la remonter et arriver sur la grande route que nous prenons en venant de Rennes pour nous rendre directement chez lui. Le voisin et son épouse se rendaient au supermarché dans le centre commercial de Saint-Grégoire. Ils se sont même dit que, si monsieur Le Duruff avait eu un problème avec sa voiture, il aurait pu leur demander de le dépanner. Ils l'auraient volontiers emmené. Ils ne se sont pas arrêtés, car Pierre Le Duruff montait au même moment dans le taxi. Sinon, c'est sûr, ils lui auraient rendu ce service.

— C'est curieux, en effet… Avez-vous interrogé le chauffeur de taxi ?

— Non, pas encore, nous le recherchons d'après la description du voisin. Dès que nous avons du nouveau, nous vous appelons.

— Très bien. Merci.

François prit le relais pendant que Phil entrait ces dernières informations dans l'ordinateur portable. Cet outil ne les quittait plus jamais. Ils cherchèrent à obtenir des renseignements concernant les employeurs de madame Le Brizac et de Pierre Le Duruff. Le collègue du service concerné se proposa de leur télécopier les organigrammes, car il avait remarqué un point commun troublant.

François examina avec attention les deux tableaux reprenant la structure juridique de chaque affaire.

— Tiens, tiens, tiens… Phil, viens voir, je crois que nous sommes en train de brûler. Je commence à avoir l'impression que notre ami Le Duruff n'est pas si transparent qu'il n'en a l'air, regarde…

Phil s'approcha des feuillets que lui présentait

François. Il ne remarquait qu'une seule chose : l'employeur de Pierre Le Duruff était une filiale du groupe dirigé par la société holding dans laquelle madame Le Brizac était DRH.

— Et alors ? demanda-t-il.

— Voyons qui a embauché monsieur Le Duruff et si madame Le Brizac et monsieur Le Duruff se connaissent…

François appela le président-directeur général de la société holding.

— Pierre Le Duruff ? Oui, bien sûr, je le connais. Il est responsable de l'un des magasins de notre filiale spécialisée du groupe. Un excellent cadre d'ailleurs.

— Savez-vous comment s'est passé son recrutement ?

— Pas précisément, mais je peux le savoir auprès de madame Le Brizac, notre DRH…

— Surtout pas ! Notre entretien téléphonique doit rester confidentiel.

— Bon, très bien. Je peux, par contre, interroger le directeur général.

— Pouvez-vous m'assurer que ce sera en toute discrétion ?

— Bien sûr, sans problème. Je l'appelle dans mon bureau.

François se retrouva à l'écoute d'une musique d'ambiance entrecoupée de spots publicitaires invitant les interlocuteurs à se rendre dans les nombreux magasins du groupe. L'attente commençait à durer.

L'écran de son appareil téléphonique affichait dix minutes de communication dont une grande partie en attente. Enfin, la liaison avec le président-directeur général fut rétablie.

— Je vous ai fait attendre et j'en suis désolé, mais j'ai obtenu précisément l'information que vous recherchez.

— Très bien, merci.

— Monsieur Le Duruff a été recruté par madame Le Brizac, personnellement et directement.

— Que voulez-vous dire par ces termes ?

— Qu'il n'a pas fait l'objet d'un passage par un cabinet de recrutement ni de nos tests d'entretien habituels. Mais ceci n'a aucune importance au vu des résultats obtenus et de la satisfaction qu'il nous donne.

— Est-ce que cela signifie que madame Le Brizac et monsieur Le Duruff se connaissaient avant le recrutement ?

— Oui, tout à fait, monsieur Le Duruff travaillait chez un de nos concurrents. Quand je dis concurrent, ceci ne concerne qu'une partie de l'activité exercée et mon directeur général me dit qu'ils entretiennent des relations personnelles.

— Voulez-vous dire très personnelles, amicales, intimes ?

— Il semblerait que leurs relations soient plus intimes qu'amicales et doivent être antérieures à son entrée dans notre groupe.

— Je vois. Très bien, je vous remercie et je vous rappelle la confidentialité de cette démarche.

Cet entretien laissa François rêveur. Il échangea quelques mots avec Phil, puis décida aussitôt d'appeler le responsable syndical de la société où travaillaient Castellin et Le Duruff. Un rapide rappel de la situation effectué, François entra aussitôt dans le vif du sujet.

— Vous ne m'aviez pas dit que Pierre Le Duruff et madame Le Brizac, ex-épouse Castellin, se connaissaient…

— Vous ne me l'aviez pas demandé, que je sache…

— Dans le contexte de notre affaire, vous deviez vous douter que cette information avait son importance, non ?

— Oui, bien sûr !

— Alors pourquoi avoir omis d'évoquer ce point ?

— Mais c'est vous qui êtes de la police ! C'est à vous de nous interroger et nous vous répondrons ! Alors que voulez-vous savoir ? Attendez un peu, je vais fermer ma porte pour être plus tranquille.

— Quelles étaient les relations entre madame Le Brizac et monsieur Le Duruff ?

— Elles ont dû commencer deux ans avant le licenciement de monsieur Le Duruff. À l'époque, les relations entre Castellin et Le Duruff étaient normales. Quand je dis "normales", je veux dire compte tenu de la personnalité de Castellin. Il était encore marié et Pierre Le Duruff venait de perdre son épouse quelques mois avant, d'une longue maladie, un cancer. Nous avions le traditionnel repas de fin d'année suivi d'une soirée dansante avec spectacle. Comme Castellin préférait toujours passer plus de temps avec les uns ou les autres pour tenter d'extorquer une quelconque information qu'il utilisait ensuite pour descendre tel ou tel collaborateur, Pierre Le Duruff invita à plusieurs reprises madame Castellin à danser… Bref, pendant que Castellin s'occupait de ses vacheries, Le Duruff s'occupait de sa femme !

— Je vois.

— Ils ont beaucoup parlé à table également. Dans les mois qui ont suivi, certains collègues les ont aperçus ensemble en ville…

— Qu'entendez-vous par « ensemble » ?

— Ils se retrouvaient, parlaient, riaient, semblaient bien s'entendre, pour le reste, ce n'était pas facile à savoir, vous vous en doutez bien…

— Bien sûr. Mais sous-entendez-vous que leurs relations pouvaient être intimes ?

— Oui, la formulation me va bien. Et un jour, Castellin a-t-il su quelque chose ou pas ? Toujours est-il qu'il commença à s'en prendre à Le Duruff pour un oui ou pour un non. Il le cherchait sur tout. Le Duruff qui est un homme courtois, respectueux des convenances, humain, enfin un type très bien, résistait. Il laissait glisser toutes les attaques et protégeait ses équipes en ne laissant pas de prise à Castellin. Ce dernier s'excitait de plus en plus. C'est aussi l'époque où tout le monde savait que la femme de Castellin devait se faire "niquer" par Le Duruff. Un soir, Castellin a poussé un peu loin le bouchon à la fin d'une réunion. Au cours du pot qui suivit, il a provoqué ouvertement Le Duruff. Pierre n'a pas supporté. Il est devenu tout blanc. Il s'est dirigé tout droit vers Castellin, l'a agrippé, secoué vigoureusement et lui a filé une beigne monumentale ! N'empêche que Castellin faisait dans son froc et n'en menait pas large. Comme cette altercation s'était passée devant témoins, dans les semaines qui suivirent, audit et inspection sans arrêt sur tous les dossiers de Le Duruff, ont eu raison de lui. Il a fini par se faire virer…

— Et vous n'avez pas bougé ? Vous avez laissé faire ?

— C'était un cadre supérieur. Il n'était pas syndiqué et mon syndicat ne s'occupe que des employés et des techniciens. C'était à la CGS d'intervenir… Bref, six mois après, Castellin partait en préretraite, la direction générale préférant le voir partir. Ce taré commençait à faire tache dans le groupe !

— Avez-vous eu des nouvelles ensuite des deux hommes ?

— De Castellin, pas du tout. Il lui avait été demandé de ne plus remettre les pieds dans l'entreprise. Quant à Le Duruff, j'ai appris, quelques mois après, par la bande, qu'il avait été recruté par celle qui était devenue madame Le Brizac, suite à son divorce d'avec Castellin. Il doit être responsable d'un des grands magasins d'un groupe concurrent. Je n'en sais pas plus. Je ne l'ai plus revu non plus.

— Vous ne croyez pas que vous auriez pu m'expliquer tout ceci lors de notre premier entretien ?

— Je vous le répète, vous ne m'aviez rien demandé dans ce sens, sinon, je vous aurais répondu comme je viens de le faire ! Je n'allais tout de même pas faire de la délation ! Et puis, vous savez, dans les entreprises, il se passe toujours des tas de choses, tout dépend de ce qui vous intéresse ! C'est à vous de préciser vos questions !

— Merci, en tous les cas, je crois que nous allons bien avancer !

François, cette fois, savait que Pierre Le Duruff ne pouvait être étranger à ce qui était arrivé à Castellin. Mais par quel biais, de quelle manière les choses se recoupaient-elles ? Il ne le voyait pas encore.

Les alibis étant tellement solides, la présence de Jean-Baptiste Castellin tellement certaine le dimanche matin qu'il devait certainement exister un élément du puzzle qui manquait au tableau. Avec Phil, ils convinrent de privilégier le suivi Le Brizac - Le Duruff à celui du trio Le Brizac - Le Gall - Le Page...

XVI

Vendredi 8 août.

Depuis le mardi, l'enquête n'avait pas avancé. La brigade de Châteauneuf-du-Faou exploitait le moindre indice, le moindre détail concernant Le Stéphanois et surtout Michel Le Page. Le bar de Carhaix avait bien confirmé la visite de Michel Le Page puis, au moment de son départ, la prise en charge de sa maîtresse dans sa voiture. De son comptoir, le patron du bar l'avait bien vu partir avec sa 106, ce que Le Page ignorait. De même, le sympathique patron du dancing "Le point de vue", à Laz, avait confirmé sa présence avec quelques amis. Les vigiles discrets qui tournaient sur le parking avaient précisé aussi qu'il avait bien quitté les lieux à l'heure dite, avec son amie dans sa voiture, en direction de Saint-Goazec. Le doute n'était plus permis concernant Le Page. Ceci fit sourire François.

— On imagine parfois que personne ne vous a remarqué et pourtant… Il doit être bien malheureux de cette situation. C'est un vrai militaire, très carré, et, j'en suis sûr, droit et honnête…

— Possible, se contenta de répondre Phil.

— Depuis quelques jours nous faisons du surplace. Cela me fait justement penser à une devise qui m'a bien plu et à laquelle je pense souvent.

— Ah, et c'est laquelle ?

— Je l'avais lue sur une étiquette de bouteille de vin rouge que j'avais réussi à décoller et depuis, je la conserve dans mon portefeuille, voilà, regarde…

« Attendre pour atteindre. », lut Phil.

— Tu vois c'est tout à fait notre cas. En passant, je te signale que c'est un excellent vin. C'est un Château Saint-Agrèves, produit par un propriétaire récoltant de Graves qui met en bouteille au château à Landiras et fait vieillir en fût de chêne. Je te le recommande…

— En ce moment, par cette chaleur, je ne bois que du rosé bien frais, alors le rouge…

— Justement, il fait du blanc, du rosé et du rouge…

— Ah, dans ce cas… Donne-moi ton étiquette, je vais la photocopier. Tu m'intéresses, finalement…

Par cette chaleur hors du commun, cette diversion leur avait permis, quelques instants, de se changer les idées. Ils avaient enchaîné ensuite sur les vins et la gastronomie… « Attendre » c'était bien, mais, à présent, il devenait urgent « d'atteindre » ! plaisantèrent-ils. Les médias n'évoquaient plus que deux sujets : les incendies dans le Sud et en Corse et les décès des personnes fragiles liés à la canicule. Depuis la parution de la photo de Jean-Baptiste Castellin dans les journaux, il n'avait plus été question une seule fois de cette disparition dans la presse. Celle-ci restait cependant une énigme... Le téléphone sonna sur le poste de François. La gendarmerie, chargée de l'enquête de voisinage concernant Pierre Le Duruff, apportait ses résultats.

— Nous avons passé plus de temps que prévu car nous avons eu quelques affaires à régler dans le même temps sur notre territoire.

— Bien sûr, nous savons ce que c'est !

— Concernant votre homme, Pierre Le Duruff, le taxi l'a bien pris en charge au lieu indiqué. Il avait insisté pour être chargé au niveau de l'abribus qui sert pour les scolaires et est donc inutilisé en été. Le taxi l'a conduit dans le quartier de la gare. Là, nous avons perdu beaucoup de temps car nous avions pensé qu'il avait pris le train. Comme ce n'était pas le cas, nous avons interrogé tous les commerçants du quartier, en fait, il est allé louer une voiture.

— Louer une voiture ?

— Oui, et nous avons les caractéristiques du véhicule. D'après le double du contrat, il s'agit d'une voiture Peugeot 306 HDI rouge !

— Tiens, tiens, tiens ! Cette fois, je crois que nous avançons... Pour combien de temps l'a-t-il louée ?

— J'y arrive. Il a pris un forfait week-end de cinq cents kilomètres. La voiture a été prise en charge vers quinze heures le samedi et rendue le dimanche en début d'après-midi. Le forfait avait été respecté.

— Avez-vous appelé la police technique et scientifique pour mettre le véhicule à leur disposition pour analyse ?

— Non, parce que le véhicule est nettoyé après chaque location et, depuis, il a été loué de nombreuses fois. À l'heure actuelle, il se trouve dans la région parisienne.

— D'accord, je comprends.

— Comment est-il rentré chez lui le dimanche ?

— Il n'a pas utilisé le même taxi. Nous avons interrogé les chauffeurs du quartier de la gare qui viennent à l'emplacement qui leur est réservé. Nous avons ainsi rencontré celui qui l'a ramené, d'après la description, au même endroit, dimanche après-midi. Dans les deux cas, il ne s'est pas montré bavard avec le chauffeur, plus préoccupé à consulter sa carte routière à l'aller. La seule chose qu'il aurait dite, lors de son départ, c'est qu'il avait « une affaire à régler en Bretagne », c'est tout. Au retour, il n'a pas soufflé mot. Il paraissait fatigué, inquiet voire angoissé. Il a fermé les yeux et tenté de dormir au retour. Nous n'en savons pas plus.

— C'est excellent comme boulot, bravo les gars ! Cette information va faire basculer l'affaire dans une direction que nous n'avions pas envisagée au départ.

— Vous pensez que c'est lui le meurtrier ?

— Nous ne sommes pas encore capables de savoir s'il y a eu meurtre. Mais cet homme n'est pas étranger à la disparition de Jean-Baptiste Castellin.

— Devons-nous approfondir encore les enquêtes de voisinage autour de Le Duruff ?

— Non, je pense qu'il ne vous reste qu'à attendre pour l'instant. Nous vous tenons informés de la suite des événements. Je ne serais pas surpris qu'il faille le convoquer dans les jours prochains pour l'interroger et que cet interrogatoire se transforme en garde à vue...

— Et mise en examen ensuite ?

— Ce ne serait pas impossible !

Ils s'empressèrent de se rendre au bureau du patron. Yann Le Godarec apprécia cette nouvelle tournure des évènements, mais de nombreuses zones d'ombre restaient à éclaircir. Toute l'ambiguïté de cette affaire résidait à présent dans le fait que madame Le Brizac se trouvait dans les lieux le samedi, tout en étant ensuite hors de cause. Les alibis vérifiés et revérifiés ne laissaient pas de place au doute sur son emploi du temps. Par contre, les officiers de police judiciaire acceptaient à présent l'idée que Pierre Le Duruff tournait aussi probablement dans les parages le samedi soir. Que faisait-il ? S'était-il trouvé en relation avec Jean-Baptiste Castellin ? Avaient-ils eu une discussion ? Comment avait-il fait pour laisser sa voiture non loin du quai où le bateau était amarré le dimanche matin puis ensuite comment avait-il fait pour revenir la chercher ? Que s'était-il passé entre le moment où Castellin avait quitté son bateau et avait disparu ?

Le patron préconisa de se rendre une nouvelle fois

sur les lieux avec les gendarmes de la brigade de Châteauneuf-du-Faou afin de tenter d'esquisser un schéma probable du déroulement de la disparition. Le mystère restait toujours entier…

François prit rendez-vous avec les collègues de la brigade de Châteauneuf-du-Faou. Ils s'y rendraient en début d'après-midi. Une nouvelle fois, Phil et François empruntèrent la voie express au nord de Quimper pour sortir à hauteur de Briec en direction d'Edern, Saint-Thois et de Châteauneuf-du-Faou. La brigade se trouvait sur la gauche à l'entrée de la ville. L'accueil fut chaleureux et sympathique. Ils discutèrent longuement de la situation, repassant en revue les différents personnages concernés par cette disparition. Les gendarmes, depuis l'autre jour, s'étaient renseignés davantage encore sur Le Stéphanois et Michel Le Page. Autant Le Stéphanois avait le coup de poing facile, autant Michel Le Page était considéré comme un homme raisonné. Personne dans la région ne les voyait capables de s'embarquer dans une affaire de meurtre aussi sordide. Quant à Marie-Jo, si sa vie professionnelle nocturne parisienne n'était pas d'une virginité totale, personne ne l'imaginait un seul instant impliquée dans cette affaire, dont l'intérêt, pour elle, restait à prouver. La requête bancaire la concernant laissait découvrir qu'elle possédait, en effet, plus d'un million d'euros devant elle, ce qui lui assurait de quoi vivre tranquillement pour le reste de ses jours, ne serait-ce qu'avec les intérêts produits par ce capital. Dans la salle de réunion, les gendarmes présentèrent la carte très agrandie de la zone allant de Châteauneuf à Carhaix. L'adjudant fit les commentaires.

— Vous voyez en bleu, c'est le canal de Nantes à Brest qui serpente, car le pays est plat à cet endroit. Regardez les méandres. Les deux rivières viennent se jeter rive droite, ici l'Aulne et plus loin, vers Carhaix, l'Hyères. Plus bas que la rive gauche, la chaîne des Montagnes Noires et ici la forêt de Laz. Au milieu de tout ça, un triangle, avec une ville à chaque angle, Châteauneuf-du-Faou, Saint-Goazec et Spézet. Pour nous, tout se déroule dans ce périmètre…

— C'est un vrai triangle des Bermudes, car nous nous y perdons ! lança François. En parlant de se perdre, avez-vous regardé du côté des trous d'eau des carrières ?

— Oui, nous nous y sommes rendus, notamment à "L'eau verte", le plus profond. Mais nous n'avons pas constaté le moindre accès récent. Les ronces auraient laissé des marques de passage…

— Et si nous quittons l'amont de Châteauneuf pour l'aval…

— En allant vers Saint-Thois, Lennon…

— Comme John ? se permit Phil pour détendre l'atmosphère.

— La ville s'écrit de la même manière en effet ! Mais, pour parler de célébrités, la ville d'Edern, non loin d'ici, est plus connue par le biais de l'écrivain

Jean-Edern Hallier, un enfant du pays… précisa le gendarme pour répondre du tac au tac à Phil.

— Très bien, excusez-moi ! répondit Phil pour arrêter l'aparté.

— Je disais donc que nous sommes allés jusqu'à Pont-Coblant. Plus nous nous écartons de Châteauneuf-du-Faou et moins nous y trouvons d'intérêt. Nous avons également fait venir au bateau les chiens spécialisés en recherche. Aucun n'a senti Jean-Baptiste Castellin à partir du quai, comme s'il n'y était pas venu. Depuis, il faut dire qu'il y a eu du passage sur le quai, mais pas de pluie, pourtant…

— Est-ce que ça voudrait dire qu'il a été assommé ou tué en sortant de son bateau et ensuite porté ailleurs ou embarqué aussitôt dans un véhicule ?

— C'est possible en effet, car les chiens n'ont rien flairé. Même chose également à partir de son véhicule sur le parking…

— Ce point est intéressant. Est-ce qu'il peut nous servir dans notre réflexion ?

— À noter en tout cas… Je vous propose maintenant de refaire le circuit allant du domicile de Jean-Baptiste Castellin à Châteauneuf puis de nous rendre sur la route de Spézet, là où était garée la voiture rouge… Nous passerons par le chemin de halage en allant et reviendrons par la grande route.

— À ce titre, coupa François, pour ce qui est de la voiture rouge, nous pensons qu'il devait s'agir d'une Peugeot 306 HDI rouge !

— Ah, vous l'avez localisée ?

— Pas précisément, mais disons, probablement.

— En effet, d'après les signalements, ce type de voiture pourrait parfaitement être notre véhicule.

Ils quittèrent la brigade dans le fourgon de la gendarmerie. En traversant la ville, l'adjudant crut bon de préciser que l'animation allait bon train et que les villageois préparaient le pardon de Notre-Dame-des-Portes. Il s'adressait surtout au lieutenant, Phil Bozzi, car il savait que François devait connaître les manifestations locales. « Il s'agit d'un grand moment religieux le troisième dimanche du mois d'août : messe avec chants bretons, procession aux flambeaux. La statue de la Vierge est portée le samedi soir par les hommes de cinquante ans et le dimanche par les femmes… »

Ils descendaient à présent vers la vallée que même Phil commençait à bien connaître ! Cette fois, François prit la parole :

— Quand j'étais gamin, mon père avait un copain d'armée dans le coin et je me souviens d'être venu quelquefois l'été chez lui et d'être allé me baigner dans un ruisseau qui devait s'appeler le "ruisseau Pierre Jacq". Il y avait plusieurs moulins à l'époque, existent-ils toujours ?

— Il y en avait trois, l'un d'entre eux est encore bien conservé…

Le fourgon tournait à présent devant le bar de Talar-pont pour emprunter le chemin goudronné de halage. Ils passèrent devant le bistrot de Dédé et Odile en laissant derrière eux le pont du moulin du Roy. Passage devant l'école de pêche et l'écluse deux cent dix-huit de Bizernig. À quelques kilomètres de là, l'adjudant fit remarquer à Phil de l'autre côté du canal les glissements de déchets d'ardoise.

— L'extraction d'ardoises constituait une industrie prospère dans la région, surtout ici, car nous nous trouvons à hauteur de Saint-Goazec. Les vestiges des quais subsistent encore, ils en permettaient le transport fluvial : une des activités principales du canal avec le transport de maërl et d'engrais…

— Le canal ne desservait-il qu'un objectif économique ? s'enquit Phil, puisque l'adjudant semblait bien connaître l'histoire de sa région.

— Si nous reprenons brièvement l'histoire de cette voie, commencé en 1806, le canal avait pour vocation d'assurer, par l'intérieur des terres, une liaison entre Nantes et les ports militaires de Brest et de Lorient, déjouant ainsi le blocus maritime anglais. Surtout actif au début du XXe siècle, le canal a été rapidement concurrencé par le rail et la route. Déserté par les péniches, il est rayé des nomenclatures des voies navigables en 1957 et concédé au département en 1966. Depuis, comme vous pouvez le constater, il est en cours de réhabilitation, pour le tourisme.

— C'est très agréable de se promener le long du canal. La région est truffée de faits historiques et d'anecdotes de toutes sortes !

— Oui, effectivement, connaissez-vous celle du pasteur L'Haridon ?

— Non.

— Le pasteur L'Haridon possédait un prestige immense dans la région car il avait reçu en 1782 le fils de Pierre III et de Catherine II de Russie qui voyageait incognito sous le pseudonyme de "Comte du Nord"…

— Et c'était vrai ?

— Oui, tout à fait. Il venait de Saint Pétersbourg, dont on a fêté le tricentenaire de la fondation en mai 2003. La Russie de l'époque voulait véritablement se tourner vers les pays de l'Europe de l'Ouest, aussi les parcourait-il pour ramener des idées chez lui et, si vous avez la chance de vous rendre à Saint Pétersbourg, vous serez surpris… Mais arrêtons là nos divagations historiques, nous arrivons au carrefour qui mène à la chapelle du Moustoir. Vous la connaissez ?

— Oui, François m'en a parlé… ainsi que de la seigneurie de Rosily-Meros…

— Très bien ! Nous allons continuer jusqu'au pont de la route de Spézet.

Quelques minutes plus tard, ils apercevaient le pont. L'adjudant reprit les explications.

— Voilà, nous allons nous garer devant le bateau. Si une voiture se trouvait près de la table de pique-nique lorsque Jean-Baptiste Castellin est monté sur le quai, il était possible de lui porter un grand coup sur la tête et de le charger aussitôt à l'arrière de la voiture.

— Aurait-il été remarqué de la route ou du bistrot ?

— De la route ? Oui, si quelqu'un passe au même moment, bien sûr. Du bistrot ? Non, car il se trouve de l'autre côté du pont à droite de la route et donc, de ce fait, ne se trouve pas juste de l'autre côté du canal, et la rambarde du pont masque partiellement la vue…

— Effectivement.

— Dans notre enquête de voisinage, nous avons revu le jeune homme qui vous avait signalé avoir vu Castellin amarrer son bateau. Il ne se souvient pas du tout d'une voiture le long du chemin de halage. C'est donc très peu probable. Maintenant, rendons-nous à pied où a été remarquée la fameuse voiture rouge.

Ils remontèrent vers la route, se dirigèrent vers la droite à cinquante mètres environ. L'adjudant apporta à nouveau ses conclusions.

— La voiture était garée à cet endroit. Comment serait-il possible d'assommer quelqu'un sur le quai et de le transporter à dos d'homme à la voiture ? Cette hypothèse me paraît invraisemblable.

— Oui, en effet…

— Je n'arrive pas à comprendre ce qui s'est passé, répéta l'adjudant à plusieurs reprises. Il ne s'est tout de même pas envolé !

Ils constatèrent que plusieurs voitures venaient de passer sur la route pendant leur visite, signe que le risque d'être vu était élevé. Ils arrivèrent à nouveau à hauteur du fourgon de gendarmerie quand ils remarquèrent Marie-Jo avec son caniche.

— Je me rends ici, chaque jour… dit-elle. Je ne comprends pas. Je vis cette situation de plus en plus mal. Où est passé mon Jean-Bat ? Où est-il, bon Dieu ? Avez-vous du nouveau de votre côté ?

— Non… pas précisément. L'enquête suit son cours…

— Ce qui veut dire que vous n'en savez rien. Ce sont vos formules habituelles pour dire que vous n'avez pas de piste…

— Détrompez-vous… nous avançons et dans les jours à venir nous devrions en savoir davantage, reprit Phil.

— Vraiment ?

— Je vous l'assure, précisa François.

— J'espère que ce que vous me dites est vrai… dit-elle en s'éloignant avec son petit chien.

Marie-Jo paraissait terriblement lasse, le visage marqué par la fatigue. Visiblement, elle devait souffrir de cette situation. Sa peine paraissait sincère. « On ne triche pas avec les sentiments » soupira François, attristé, en la regardant s'éloigner.

Ils empruntèrent la grande route pour revenir à la brigade. Ils échangèrent tout au long de la route, sans que personne ne découvre le détail qui pouvait servir de déclic.

En rentrant sur Quimper, Phil revint sur le fait que

les chiens ne trouvaient la piste de Castellin ni à partir du bateau ni de sa voiture.

— Pour moi, là, il y a quelque chose qui nous échappe.

— Oui, j'y pensais justement, répondit François.

— C'est peut-être énorme et nous ne le voyons pas…

— C'est comme l'histoire de la veste et de la casquette.

— Oui, je ne vois pas comment il a pu se séparer de ces vêtements. La casquette passe encore, mais la veste…

— Tu veux que je te dise, on pourrait penser à l'affaire Godard. Nous retrouvons quelques indices mais pas de trace du bonhomme. Un peu comme si quelqu'un à côté, brouillait les pistes en donnant des indices…

Ils restèrent sur ce doute en terminant la semaine. Ils en firent part à leur patron au retour et décidèrent de frapper dès le lundi matin. La gendarmerie devait se présenter chez Pierre Le Duruff dans la journée de dimanche, pour une convocation le lundi suivant à dix heures au bureau des officiers de police judiciaire à Quimper…

XVII

Lundi 11 août.

Cette fois, la France entière assistait à un déchaî-
nement médiatique sans précédent sur la canicule. La
télévision ne cessait de montrer ce qui se passait chez
nos voisins. Les maisons de retraite belges s'occupaient bien mieux, semblait-il, des personnes âgées
que les nôtres, exemples à l'appui. L'opposition pes-
tait contre le gouvernement qui ne faisait rien !
Sachant, bien entendu, que si l'opposition actuelle
était au gouvernement, l'inverse se produirait de la
même manière… Tout le monde se souvenait encore
de l'affaire du sang contaminé. Personne n'était dupe
de ce jeu ridicule, utilisé par les politiques de tous
bords, qui ne fait que les discréditer une fois de plus
davantage. Difficile après de faire voter les Français !
Les intermittents du spectacle faisaient toujours
entendre leur voix. La lutte restait rude face aux déci-
sions du gouvernement.
Que serait notre vie sans les artistes pourtant ? Pouvons-nous vivre dans un monde sans chanson, sans
image, sans poème, sans livre, sans spectacle ? Non,

cette nourriture est si utile, voire indispensable à l'homme.

L'Éducation Nationale se remettait difficilement de sa longue grève de fin d'année scolaire et le problème de la rémunération des jours de grève devenait à présent sa préoccupation première…

Bref, l'actualité avec sa masse quotidienne de problèmes.

François en riait en parcourant le journal. La situation aurait relevé du burlesque, ne fusse le drame qui se tramait. C'était à se demander si quelque gouvernement qui eût été en poste aurait pu imaginer une telle catastrophe caniculaire ! Il faudrait peut-être attendre plusieurs années voire plusieurs dizaines d'années à présent, avant qu'elle ne se renouvelle. Ceci fit dire à François :

— En politique, nous jouons sans cesse le jeu du piéton et de l'automobiliste.

— C'est-à-dire ? interrogea Phil

— Tantôt nous sommes piétons, tantôt automobilistes et nous réagissons uniquement en fonction de notre situation du moment en "oubliant" volontairement que nous tenons aussi le rôle adverse, alternativement.

— Oui, je suis bien d'accord…

Ils appelèrent ensuite la police technique et scientifique. Ils ne purent obtenir d'informations nouvelles sur leur affaire…

Pierre Le Duruff n'allait pas tarder à arriver. Ils

avaient juste le temps d'appeler les différentes brigades de gendarmerie et la police de Rennes au sujet des enquêtes de voisinage, afin de s'assurer qu'elles ne disposaient pas d'éléments nouveaux à exploiter durant l'interrogatoire.

Respectant sa convocation, Pierre Le Duruff se fit annoncer à l'accueil, à l'heure indiquée.

Son allure trahissait sa méfiance et son inquiétude. Oubliée l'attitude décontractée et sympathique lors de la visite des officiers de police judiciaire à son domicile.

Il portait un blouson léger, de marque, sur une chemisette bleu azur. Cette tenue sportswear lui donnait une certaine prestance. Phil et François l'installèrent dans le bureau habituel où l'ordinateur portable attendait le nouveau procès-verbal. Ils lui proposèrent un café qu'il accepta.

Cette attention particulière décontracta visiblement le nouvel arrivant. Le gobelet de café fumant fut vite servi.

Phil donna le coup d'envoi :

— Nous allons reprendre le procès-verbal que nous avions établi lors de notre passage chez vous. Phil lut attentivement le texte et conclut. En résumé, vous étiez, durant la période concernée dans vos travaux de peinture et de papier peint jusqu'au cou et vous n'aviez pas eu le temps de quitter votre domicile. Est-ce exact ?

— Pas tout à fait.

— Qu'entendez-vous par « pas tout à fait » ?

— Vous ne m'avez jamais demandé si j'avais été amené à quitter le domicile.

— Excusez-nous mais je lis précisément ce que vous nous avez dit : « Je n'ai pas bougé de là… Je voulais commencer de bonne heure le dimanche matin… » Ceci me paraît précis. Est-ce ce que vous avez fait ?

— Non, je viens de vous le dire.

— Vous voulez donc revenir sur votre déclaration, est-ce bien exact ?

— Appelez cela comme vous voulez. Je travaillais quand vous êtes arrivés. Je ne m'y attendais pas. Je voulais finir un travail. Il faisait chaud. Je ne me souviens plus très bien ni très précisément de ce que je vous ai dit.

— Je ne vous cache pas que votre attitude ne manque pas de nous surprendre. Selon la tournure des événements, ceci ne manquera pas de se retourner contre vous. Nous allons donc reprendre, précisément, le déroulement de votre emploi du temps. Cette fois, nous vous demanderons votre parole et votre engagement sur l'honneur, pour la deuxième version que vous allez nous fournir. Nous conservons néanmoins, le procès-verbal précédent en annexe. Nous vous écoutons.

François commençait calmement son interrogatoire, mais Pierre Le Duruff l'interrompit :

— Non, "JE" vous écoute, posez-moi les questions

et "JE" répondrai. Pour ma part, je n'ai rien à vous dire.

— Bien, monsieur Le Duruff, si vous le prenez sur ce ton, je crois que nous n'allons pas nous entendre et vous n'êtes pas près de quitter nos locaux.

Il ne répondit pas, se contentant de faire face aux deux policiers.

Une lueur d'inquiétude anima son regard quelques secondes mais elle disparut aussitôt, sa fierté reprenant rapidement le dessus.

— Qu'avez-vous fait le samedi 26 juillet de zéro heure à vingt-quatre heures ?

— J'ai terminé mes travaux de peinture extérieure vers midi. J'ai déjeuné puis je me suis rendu chez mon voisin pour chercher une décolleuse à papier peint.

— Quelle heure était-il ?

— Il devait être treize heures trente environ.

— Ensuite qu'avez-vous fait ?

— J'ai quitté mon domicile pour aller rejoindre une amie.

— Ah ? Mais vous ne nous l'avez pas signalé quand nous sommes passés vous voir !

— Je vous le répète une nouvelle fois, vous ne me l'avez pas demandé !

— Comment vous êtes-vous rendu chez votre amie ?

— Vous voyez, vous déformez déjà tout ! Je vous ai mentionné que je suis allé "rejoindre" une amie, je n'ai jamais dit que je suis allé "chez" une amie. Après, vous direz encore que je ne vous donne pas les bonnes informations !

— Écoutez, monsieur Le Duruff, ne cherchez pas à jouer au plus malin car, tout à l'heure, je crains que vous ne déchantiez !

— Si, c'est ce que vous pensez, libre à vous !

— Bien, comme vous voulez. Par quel moyen êtes-vous allés rejoindre votre amie ?

— En voiture.

— Avez-vous utilisé votre propre voiture ?

— Non.

— Avec quel véhicule dans ce cas ?

— Un véhicule de location.

— Pourquoi une voiture de location ?

— Pourquoi pas ?

— Je vous demande de changer immédiatement d'attitude.

Pierre Le Duruff ne répondit pas mais semblait armé pour tenir tête à toute éventualité. Il faisait preuve d'une totale confiance en lui et n'hésitait pas à faire front du regard. Ses traits étaient constellés de gouttelettes de sueur. Il garda le silence.

— Pouvez-vous nous présenter votre contrat de location ?

— Oui, bien sûr, mais je ne l'ai pas apporté, ignorant qu'il pouvait vous intéresser. Mais je peux parfaitement vous le fournir et même vous donner les coordonnées de l'agence de location. Pour moi, il n'y a aucun problème, tout est parfaitement clair.

— Pourquoi avez-vous loué une voiture, alors que vous en avez une dans votre garage ?

— Comme je vous le disais tout à l'heure, j'allais rejoindre une amie qui devait me ramener. Je devais laisser ma voiture à l'agence de location de la ville où je me rendais.

— Quel type de véhicule avez-vous loué ?

— C'était une Peugeot 306.

— De quelle couleur ?

— Rouge. Ne me demandez pas l'immatriculation ni les caractéristiques précises, je ne les ai pas mémorisées.

— Où deviez-vous vous rendre ?

— À Quimper.

— Et pourquoi à Quimper ?

— Parce que mon amie devait s'y trouver.

— Qui est votre amie ?

— Je n'ai pas à vous répondre !

— Vous faites comme vous voulez… Vous pouvez garder le silence. Mais je vous conseille de répondre, car les soupçons qui pèsent sur vous sont de nature à transformer cet interrogatoire en garde à vue puis en mise en examen.

— Ah ? Et pour quelle raison ? Est-ce parce que j'ai loué une voiture rouge ou parce que je me suis rendu à Quimper ?

— Vous commencez à m'agacer ! lança brutalement Phil qui décida du même coup de prendre l'interrogatoire en main.

François le laissa faire car il sentait bien aussi que Pierre Le Duruff voulait jouer un drôle de rôle. Phil décida de frapper fort.

— Quand on est impliqué dans une affaire de meurtre et que les éléments que nous détenons vous situent comme le premier suspect, on n'a plus du tout intérêt à jouer au malin. Si vous voyez ce que je veux dire…

— Je ne vous comprends pas du tout et vos paroles m'offensent à tel point que, si vous continuez de la sorte, je devrai en référer à votre hiérarchie !

Cette fois, Phil dut se retenir. Visiblement, il bouillait. Il ravala sa salive pour mieux se contrôler…

— Que faisait votre voiture, stationné le long de la route de Spézet, dans la nuit de samedi à dimanche du week-end qui nous concerne ?

— Rien, Monsieur. Elle n'y faisait rien, car je ne l'ai pas quittée avant Quimper et, n'étant pas de la région, j'ignore où se trouve le lieu que vous venez d'évoquer.

— Plusieurs témoins vous ont vu ! De même que votre voiture !

— Ah, bon ? Comme c'est impossible, faites-les venir afin qu'ils me le disent en face !

— Quelle preuve m'apportez-vous pour justifier que vous étiez à Quimper avec votre voiture ?

— Et vous, quelle preuve que je me trouvais là où vous aimeriez que je sois ?

Toutes ces circonlocutions ne servaient qu'à faire

diversion, mais Phil tenait bon le fil conducteur de son interrogatoire.

— Arrêtez de tenter d'inverser les rôles en permanence et répondez-moi !

— Je vous ai répondu.

— Non. Qui peut attester que vous étiez à Quimper avec votre voiture ?

— Quand vous allez dans une ville que vous ne connaissez pas, qui peut attester que vous y êtes passé ? Allez-y, répondez moi !

— Alors, qu'avez-vous fait à Quimper ?

— Je remarque que vous acceptez l'idée que je ne sois plus dans l'endroit que je ne connais pas et dont j'ai oublié le nom !

— Pas du tout !

— Alors, faites venir vos témoins !

— Qu'avez-vous fait à Quimper ?

— Je suis arrivé dans la soirée, j'ai bu un verre le long de la rivière en centre-ville. J'ai acheté un sandwich, je l'ai mangé en me baladant.

— Et votre amie ?

— Quoi mon amie ?

— Vous êtes venu la rejoindre pour boire un verre et manger un sandwich en marchant avec elle ?

— Qui vous a dit avec elle ? Pas moi en tous les cas, à moins que ce ne soient vos témoins fantômes !

— Alors, que faisait votre amie ?

— Elle a eu un empêchement de dernière minute. Je ne l'ai pas vue. Elle est rentrée.

— Pourquoi n'êtes-vous pas rentré avec elle ?

— Parce que, finalement, elle n'est pas venue sur Quimper.

— Votre histoire est confuse… Nous allons suspendre cet interrogatoire, faire venir des gardiens de la paix. Ils vous serviront à boire si vous le souhaitez.

Dès que les gardiens de la paix furent installés, Phil et François sortirent pour se rendre chez le patron. Ils lui rendirent compte du déroulement de l'interrogatoire. Phil était excédé et dissimulait difficilement sa colère.

— C'est clair, il se fiche de nous !

— Il nous prend pour des imbéciles, et en même temps, joue en permanence sur les mots, surenchérit François.

— Pour moi, ce sera un dur à cuire, précisa aussitôt Phil.

— Bon, reprenons, proposa calmement Yann Le Godarec. Que dit-il à propos de sa voiture rouge sur la route de Spézet ?

— Qu'il ignore où se trouve Spézet et qu'il était à Quimper pendant ce temps-là !

— Qu'avons-nous comme preuve contre lui ?

— Aucune, nous n'avons pas le numéro d'immatriculation, et une 306 rouge c'est un peu léger !

— Et concernant madame Le Brizac ?

— Il n'a pas encore prononcé son nom. Est-ce que nous l'attaquons sur ce sujet en revenant ?

— Je pense que oui. Vous n'avez plus le choix.

— Pour moi, il la couvre et comme elle a un alibi en béton, nous sommes marron !

— Reste son retour à Rennes et ce qu'il a fait de la nuit.

— Et s'il nous contre comme il le fait en permanence, que faisons-nous ?

— Rien, nous sommes coincés. Nous ne pouvons pas le mettre en garde à vue car nous n'avons pas d'éléments suffisants pour l'instant. Nous devrons reprendre les éléments de l'enquête et le convoquer plus tard.

— Bon… nous y retournons… mais ce type-là commence sérieusement à me "gonfler", lança Phil pour exprimer sa colère. Il n'est pas net, il le sait, mais veut jouer au plus malin.

Quelques instants après, Phil et François reprenaient l'interrogatoire. François lut ce qu'il venait d'écrire et s'arrêta pour faire préciser certains points.

— Vous dites que vous avez loué une voiture, mais comment avez-vous fait pour aller la chercher ?

— J'ai appelé un taxi, le plus simplement du monde.

— Quelles sont les coordonnées du taxi ?

— Aucune idée, j'ai noté le numéro à mon domicile, je pourrai vous le donner. Je me souviens d'avoir appelé au hasard le premier de la liste de l'annuaire.

— Bon. Ensuite vous partez en direction de Quimper, vers quelle heure ?

— Je ne sais pas précisément, mais, disons vers quinze heures.

— Vous êtes-vous arrêté en route ?

— Non.

— À quelle heures êtes-vous arrivé à Quimper ?

— Aux environs de dix-sept heures.

— Comment s'appelle votre amie ?

— Je n'ai pas à vous répondre puisque je ne l'ai pas vue.

— Bien, dans ce cas, nous allons vous aider. S'a-git-il de madame Le Brizac ?

— Exact ! Vous voyez que vous savez tout, alors, pourquoi me le demandez-vous ?

— Depuis quand connaissez-vous madame Le Bri-zac ?

— Au moins quatre ou cinq ans.

— C'est-à-dire que vous étiez toujours chez votre précédent employeur et sous la hiérarchie de son époux, à l'époque ?

— Oui, c'est vrai.

— Est-ce la cause de votre licenciement et de votre agressivité envers monsieur Castellin ?

— Pas uniquement. Il était tordu au boulot et vous le savez. Il était méchant, vicieux et toujours à l'affût d'un mauvais coup. Tout cela, vous le savez, alors pourquoi tenez-vous à m'empoisonner la vie ?

— Monsieur Le Duruff, arrêtez ! N'aggravez pas votre cas. Que venait faire madame Le Brizac à Quimper ?

— Écoutez, ne jouez pas à l'innocent à votre tour.
D'abord, elle ne venait pas à Quimper mais s'était
rendue chez son ex-époux pour une histoire de vente
de bien immobilier qui doit se trouver à Rennes. Je
ne vous apprends rien. Vous le savez puisqu'elle vous
l'a dit ! Et nous étions convenus de nous retrouver à
Quimper en fin de journée et de passer le week-end
ensemble pour rentrer le dimanche soir. Or, il s'avère
qu'une de ses amies dans son club de bridge a eu des
problèmes de santé et qu'elle a été obligée de la remplacer au pied levé pour la soirée et, du même coup
également, pour le déplacement à Paris, voilà, vous
savez tout. Vous pouvez le lui demander et vérifier
qu'elle se trouvait bien au bridge le soir dans son
club et le lendemain dans le groupe du voyage.

— Et vous, qu'avez-vous fait à partir de votre arrivée à Quimper ?

— Je vous l'ai déjà dit.

— Prendre un verre et manger un sandwich ne
prend pas toute la nuit !

— Non, c'était la fête, j'ai déambulé un peu partout dans le centre-ville écoutant un groupe, ici, m'ar-
rêtant devant la terrasse d'un bar, là. Vers minuit,
j'étais fatigué, j'ai décidé de reprendre la route pour
rentrer. Mais comme j'avais travaillé toute la semaine
durement et physiquement, je ne me sentais pas capable de rejoindre Rennes. J'ai donc garé ma voiture
dans le haut de la ville de Quimper dans un quartier
tranquille et sombre…

— Où précisément ?

— Aucune idée, je me souviens seulement d'avoir aperçu de loin le logo d'une banque régionale bien connue, puis de m'endormir très rapidement. Je ne me suis réveillé que le lendemain matin entre sept et huit heures. Du coup, j'ai décidé de redescendre en ville prendre un petit-déjeuner. Je me suis rendu à la terrasse d'un bar qui longeait la rivière. Il faisait si beau ! J'ai musardé une grande partie de la matinée, puis je suis rentré tranquillement à Rennes où je suis arrivé vers midi. L'agence de location de voitures étant fermée, je suis allé manger au buffet de la gare.

— Avez-vous le ticket de votre repas ?

— Non, vous les gardez, vous, les tickets ?

— Oui !

— Eh bien, pas moi ! J'ai payé en espèces. J'ai rendu la voiture puis j'ai pris le taxi qui se trouvait en attente aux endroits réservés et je suis rentré. Voilà, vous savez tout dans le détail. J'aimerais bien rentrer maintenant !

— Pas si vite, vous oubliez la disparition de Castellin.

— Mais je n'en ai rien à fiche de Castellin. Il peut bien aller au diable. Je m'en fiche ! Vous comprenez ? Et d'ailleurs, où est-il en ce moment ?

— C'est ce que nous cherchons à savoir !

— Pour moi, il est aux Caraïbes ou je ne sais où. C'est un vicieux… il est capable de débarquer un jour brutalement et de faire l'étonné, celui qui ne comprend pas que tout le monde le cherchait. Et je peux vous dire qu'il jouira s'il sait ça ! Bon, mais ce n'est pas tout, je peux m'en aller ? Je viens de vous raconter la même histoire plusieurs fois, ça suffit !

— Ne bougez pas, nous appelons un gardien de la paix et nous revenons.

Phil et François se rendirent une nouvelle fois chez leur patron. Ils avaient repris trois fois le déroulement de son emploi du temps.

Pierre Le Duruff avait répété trois fois la même chose, mais comme une leçon trop bien apprise. Il cachait visiblement la vérité.

Les officiers de police manquaient de preuves pour lui démontrer qu'il mentait mais ils en avaient l'intime conviction. Ils se trouvaient dans l'impasse. Le patron décida.

— Désolé, même si vous pensez qu'il nous balade, nous sommes obligés de le laisser partir, nous n'avons rien. Nous ne pouvons pas nous contenter d'un doute, nous en avons déjà eu précédemment pour les deux militaires retraités, pour Marie-Jo… Nous devons découvrir du concret, d'autant plus que nous ne savons toujours pas ce qu'est devenu Castellin. Sa découverte, mort ou vif, ou son retour, ferait avancer l'enquête.

Le cœur gros, l'âme en peine, ils durent se résoudre à le libérer. Pierre Le Duruff, triomphant, se permit même de narguer les officiers de police en quittant leur bureau.

— Ce n'est pas tout, mais qui c'est qui me paye ma matinée, plutôt ma journée et mes frais de route, avec tout ça ?

— Monsieur Le Duruff, estimez-vous heureux de partir libre. N'oubliez pas que nous allons nous revoir et, cette fois, à mon avis, nous vous garderons.

— Je n'aime pas votre ton, Lieutenant. Ne me confondez pas avec vos suspects de bas étage, je vous prie. Il faudrait déjà que vous ayez des preuves ! Je vais vous dire quelque chose… Vous vous acharnez à faire ch… les braves et honnêtes gens, occupez-vous plutôt des truands et, de cette manière au moins, je saurai que mes impôts sont bien utilisés !

— FICHEZ LE CAMP ! Avant que je ne vous coffre pour injure à la police nationale !

Pierre Le Duruff sourit avec élégance et indulgence sans prendre ombrage du ton indélicat du policier. Cette fois, il arrêta ses commentaires, remit son blouson et quitta le bureau sans se départir de son sourire narquois. Phil et François explosèrent de colère véritablement, une fois que Pierre Le Duruff eut quitté les lieux.

— Ce type-là, j'aimerais bien le coincer et, ce coup-là, je vais le faire morfler ! grommela Phil.

— Il s'est fichu de nous d'un bout à l'autre de l'entretien ! C'est criant, avec madame Le Brizac ils se sont organisés un scénario béton, pour l'instant indémontable, mais il doit bien y avoir une faille dans le système. Reprenons nos hypothèses ! proposa François.

Ils reprirent de différentes manières le déroulement des événements. Utilisant tantôt un personnage, tantôt un autre, dans les combinaisons proposées au logiciel de l'ordinateur. Il rejetait, dans l'hypothèse d'une disparition, que celle-ci soit due aux agissements d'une seule personne. Il ne retenait que la complicité de deux ou d'un nombre plus important de personnes impliquées.

La cavale volontaire devait aussi être abandonnée car les banques ne constataient aucun retrait élevé récemment ou antérieurement, aucune utilisation de carte bancaire ni de chéquier. Or Jean-Baptiste Castellin ne pouvait pas disposer de revenus extérieurs ni de moyens financiers lui permettant de se passer de ce dont il disposait.

Tourner en rond ainsi agaçait de plus en plus Phil et François. François eut une idée :

— Nous nous sommes concentrés, tantôt en nous polarisant sur les suspects, disons d'ici, c'est-à-dire Le Stéphanois, Michel Le Page et Marie-Jo, tantôt en ne considérant que les autres, Pierre Le Duruff et madame Le Brizac, et si tout ce petit monde se mélangeait ?

— Tu as raison… essayons pour voir ! proposa immédiatement Phil.

Le premier jeu de rôles consista à intégrer une complicité entre madame Le Brizac, Marie-Jo, Pierre

Le Duruff et Michel Le page ou Le Stéphanois. Même si les éléments paraissaient contre nature, la cupidité réunit parfois des genres différents. Le tout aurait été orchestré par madame Le Brizac.

— Ceci n'est pas si mal, à première vue, pensa tout haut Phil. Mais quel est l'intérêt des personnes ?

— À qui profite le crime et de quelle manière ? Il ne faut jamais perdre cette donnée de vue. N'oublions pas qu'elle se vérifie dans quatre-vingt-dix pour cent des cas ! rajouta François.

— Voyons. Madame Le Brizac empoche le pactole. Marie-Jo, l'assurance-vie capitalisée et exonérée de droits de mutation. Pierre Le Duruff assouvit sa vengeance personnelle, tout en aidant sa dame de cœur. Michel Le Page récupère son droit de passage… Le Stéphanois, lui, rien, donc à écarter. Cette fois nous tenons le bon bout. Reste à voir qui intervient, quand et comment ? Car les mobiles ne manquent pas.

Le logiciel retenait cette dernière hypothèse comme "possible". Ceci fut de nature à encourager les deux officiers de police. Cependant, il fallait concrétiser le déroulement sur le terrain, en respectant les horaires. Une pièce du puzzle semblait toujours manquer. Madame Le Brizac pouvait mettre la partition en musique en venant le samedi pour recueillir la signature de son ex-époux sur le mandat de vente et obtenir les informations sur son futur emploi du temps.

Forte de ces renseignements, elle aurait informé

Pierre Le Duruff qui serait venu mettre sa voiture de location non loin du quai d'arrivée de Jean-Baptiste Castellin. C'était là le seul endroit discret. Intercepter Castellin à la sortie de chez lui ou sur le quai de départ aurait été trop risqué. Le Stéphanois serait venu le chercher et lui aurait prêté sa voiture, à condition qu'il l'emmène au travail. De ce fait, Pierre Le Duruff était obligé de rester à Quimper toute la nuit et c'était pour cette raison qu'il avait insisté sur sa présence à Quimper. Nul doute qu'il se serait forgé un alibi en ville si les officiers de police avaient insisté. Au petit matin, disons vers cinq ou six heures, après avoir ramené sa belle à Carhaix, Michel Le Page serait venu chercher Pierre Le Duruff à Quimper afin que Le Stéphanois puisse rentrer tranquillement chez lui, avec sa 4 L, son service de gardiennage terminé. Michel Le Page et Pierre Le Duruff auraient foncé jusqu'au lieu où était garée la voiture de location sur la route de Spézet et attendu que Marie-Jo les avise de l'arrivée de Jean-Baptiste Castellin. Madame Le Brizac était à l'abri, alibi béton. Le Stéphanois, aussi. Pour l'instant, Michel Le Page aussi.

Il fallait faire vite, tout allait se jouer entre le quai et le domicile de Marie-Jo. L'une des deux personnes, soit Michel Le Page, soit Pierre Le Duruff allait mettre sa voiture sur le chemin que Jean-Baptiste Castellin devait emprunter pour se rendre chez Marie-Jo. L'endroit était situé à l'écart de la vue, à la fois du chemin de halage et de la route. Castellin était tombé entre les mains des deux individus. Il ne s'y attendait pas. Il n'aurait pas eu le temps de réagir. Enveloppé d'une grande toile en plastique, pour éviter tout risque de trace et de possibilité de prélèvement d'ADN, il se serait retrouvé à l'arrière d'une voiture, assommé voire tué.

Il fallait jeter le corps, les deux compères étaient partis chacun dans leur voiture, s'étaient suivis et aidés pour terminer l'opération. Michel Le Page était rentré chez lui et était allé tranquillement jouer au tiercé en fin de matinée. Le Duruff était rentré à Rennes et voilà le travail !

— Super, tout colle ! lança Phil, de joie.

— C'est la division du travail qui nous a bloqués jusque-là. Le fractionnement et la spécialisation de chaque individu ne nous permettaient pas de boucler. Cette fois, nous l'avons, la solution ! Filons voir le patron, perquisition chez tout ce beau monde puis garde à vue.

L'ordinateur terminait de faire tourner les hypothèses et cracha son verdict : hypothèse "possible".

Yann Le Godarec écouta très attentivement, réfléchit, puis se prononça :

— Restons calme. Ce n'est pas parce que l'ordinateur retient cette hypothèse comme "possible" que nous devons la considérer comme "certaine", nous sommes bien d'accord ?

— Oui, bien sûr. Mais avouez que ça tient la route tout de même ! ne put s'empêcher de dire Phil.

— C'est vrai, mais je vais vous donner le fond de ma pensée. Dans cette affaire, je soupçonne madame Le Brizac de manipulation et ceci parasite tout le dossier.

— Peut-être, mais il n'empêche que les renseignements qu'elle nous avait donnés ne sont pas faux pour l'instant.

— Effectivement. Mais avant de jeter le filet, j'aimerais que vous repreniez encore une fois les enquêtes de voisinage dans le détail. Je ne sais pourquoi, mais j'ai le sentiment que l'action ne s'est pas déroulée de cette façon. Rappelez-vous que chaque élément d'une enquête est un miroir et les coupables se cachent généralement dans des angles morts.

Le visage de Phil était partagé entre le dépit et l'admiration. Il se dit qu'il s'emportait trop vite et se souvint à ce moment précis de certaines réflexions des enseignants de l'École Supérieure de la Police Nationale de Cannes-Écluses qui le lui reprochaient. Le patron devait avoir raison.

Néanmoins, le choc fut rude pour les deux officiers de police judiciaire. D'être ramenés à leurs études les contrariait terriblement. Phil ragea après le patron et exprima des sentiments qui dépassaient sa pensée.

François prit la réponse du patron avec philosophie. Il en "avait vu d'autres" et se rappelait que, parfois, un peu de recul et de temps arrangeait les choses d'une façon inattendue et parfois différente de celle imaginée. Il comprenait l'impulsivité de Phil, son impatience à en découdre avec tous les suspects et se rappelait que, lorsqu'il avait commencé sa carrière, il avait les mêmes réactions que lui. « Un schéma qui tenait la route était nécessairement le bon ! » Ceci lui faisait plaisir et, en même temps, l'amenait à tenter d'apprendre à Phil, la pondération et la patience en toute chose.

— Je crois que le patron a raison. Nous devons être face à des meurtriers rationnels, organisés, qui agissent selon un mobile précis et leur opération a été savamment préparée, méfions-nous ! Souviens-toi, il faut savoir « attendre pour atteindre »…

XVIII

La marque d'une intelligence de premier ordre,
C'est la capacité d'avoir deux idées opposées
Présentes à l'esprit en même temps et de ne pas
Cesser de fonctionner pour autant.
Francis Scott Fitzgerald.

Mardi 12 août.

Phil n'avait pas dormi de la nuit, tracassé, manipulant et repassant en revue toutes les hypothèses, croyant parfois trouver la solution avant qu'elle ne s'envole comme elle était venue. Ce petit jeu qui consistait à passer la nuit à réfléchir dans son lit au lieu de dormir avait passé depuis longtemps à François. Si Phil démarrait la journée avec des poches sous les yeux, pour ne pas dire des valises, François partait d'un bon pied. Il proposa de reprendre un deuxième café avant d'attaquer.

Il reprit ensuite calmement le parcours de Pierre Le Duruff et appela le taxi, puis le bureau de location. L'assistante de comptoir appela sa chef de station. La jeune femme, très courtoise, se souvenait parfaitement d'avoir souscrit le contrat. Elle lui confirma les caractéristiques de celui-ci : « location d'une 306 HDI rouge lucifer ».

— Décidément, pensa François, cette couleur était prédestinée !

Elle précisa au passage qu'elle avait déjà fourni ces renseignements à la gendarmerie. François lui indiqua qu'il devait reprendre chaque détail.

— Vous souvenez-vous de l'état de la voiture ? La carrosserie portait-elle des traces de boue ?

— Non, je ne m'en souviens pas, de toute façon, le temps est tellement sec, que la boue, depuis quelque temps, vous savez…

— Bien sûr. Avez-vous retrouvé de l'herbe dans la voiture ?

— Je ne peux pas vous répondre. C'est Nicolas, le préparateur, qui les lave et en assure le nettoyage intérieur. Moi, je ne fais que le tour du véhicule avec le client pour en vérifier l'état. Je n'ai constaté ni le moindre choc ni la moindre égratignure ; en tous les cas, je n'ai rien noté au moment de rendre la caution.

— Bien, je comprends. Pouvez-vous me passer votre préparateur ?

— Ah non, Nicolas est parti en congé depuis hier et pour deux semaines.

— Bon, tant pis ! Quels sont vos horaires pour vous rappeler éventuellement ?

— C'est très simple, nous faisons la journée continue : huit heures à vingt heures. Vous savez, à la gare, il faut être présent et nous tournons entre nous pour assurer ces horaires.

— Vous faites la journée continue ?

— Absolument, Monsieur.

— Est-ce que vous reprenez les retours de véhicules tout au long de la journée ou à des heures définies ?

— Toute la journée sans interruption, Monsieur, sinon, ça ne servirait à rien de rester ouvert…

— Effectivement.

Cette fois, François fit un bond sur son siège. Phil réagit aussi au même moment à côté de lui. Pierre Le Duruff avait menti. Sans doute coincé par le temps, avait-il inventé cette histoire de fermeture de douze heures à quatorze heures… L'esprit des deux officiers de police tournait à présent plus vite que l'ordinateur… François devait terminer l'entretien.

— Comment vous a paru monsieur Pierre Le Duruff ?

— Comme quelqu'un de courtois… oui, un type bien, très correct.

— Vous a-t-il paru stressé, pressé, inquiet ?

— Non, pas du tout. Très calme, très tranquille au contraire. Quelqu'un de posé, de réfléchi…

— Parfait, merci de ces précisions. Il est possible que nous appelions votre préparateur prochainement.

— À votre service… Très bien, je l'avertirai.

La question, à présent, consistait à se demander pourquoi Pierre Le Duruff avait menti… François proposa à Phil de retourner sur place près du quai et de refaire le chemin qui conduisait chez Marie-Jo.

— Nous en profiterons pour passer par la brigade de gendarmerie, rajouta-t-il.

La route qui menait à Châteauneuf-du-Faou ne présentait plus de secret dorénavant pour Phil. Il conduisait la plupart du temps, pour laisser à François le temps de faire ses commentaires car, lorsque celui-ci conduisait, il se montrait peu bavard. Phil aimait bien écouter son collègue. Il avait toujours quelque chose d'intéressant à dire. La brigade apparut. L'adjudant, bien connu de François, les accueillit dans son bureau.

— Vous tombez bien, j'allais justement vous appeler.

— Pourquoi, vous avez du nouveau ?

— Peut-être… Voilà, j'avais mis deux collègues dans l'enquête de voisinage. Ils ont réalisé un bon travail, mais ils ne lâchent pas si facilement. Dimanche matin, ils se sont permis de descendre au bar PMU, question de titiller Le Stéphanois et Michel Le Page… Ils sont restés ensuite attendre dans le fourgon près de la sortie du bar. Lors de leur départ, ils sont revenus vers nos deux individus, leur redemandant de se souvenir du détail, même le plus infime et, à leurs yeux, peut-être même sans intérêt…

— Et alors ?

— Le Stéphanois vient de me rappeler à l'instant. Il a pris toutes les précautions d'usage : qu'il n'était pas une balance, qu'il ne faisait pas de la délation etc… etc… Vous le connaissez !

— Oui, j'imagine l'entretien.

— Il me précise qu'il a vu partir madame Le Brizac dans sa voiture blanche vers seize heures quinze environ, *a priori* seule. Les chiens ont aboyé et il a regardé machinalement, mais sans attacher la moindre importance. Elle est revenue vers dix-sept heures et il croit, mais il n'en est pas sûr non plus, qu'ils étaient deux.

— Une femme et un homme ou deux femmes ?

— Il ne sait pas. Il était resté devant sa maison pour réparer le grillage et la porte de sa remorque pour ses chiens. Par réflexe, il a regardé, mais sans plus… Madame Le Brizac est repartie peu de temps après, seule à nouveau… Il nous a dit aussi que Michel Le Page avait entendu les chiens hurler dans la nuit assez longuement comme si un renard rôdeur les agaçait… Comme il n'était pas là, c'est Mimich qui le lui a dit depuis, car tous les deux ne sont pas très fiers de cette affaire, vu les mauvaises relations qu'ils entretenaient avec Castellin. Soit dit entre nous, c'était un pauvre type. Je préfère de loin mes militaires à la retraite que ce sale bonhomme… J'ai eu à intervenir à plusieurs reprises pour les différends qui les opposaient. Ce gars puait le mépris, la malveillance et que sais-je encore…

— C'est effectivement le portrait qui nous revient le plus souvent. Cette information est d'une qualité exceptionnelle, nous allons faire un grand pas à coup sûr ! Pourquoi ont-ils attendu tout ce temps pour nous le dire ? Pourquoi ne pas nous en avoir parlé lors de l'interrogatoire ?

— Parce qu'au début, ils se sont surtout cassé la tête pour deviner ce qui avait pu se passer le dimanche matin seulement. Mais quand, au cours de leur interrogatoire, il a été question de la soirée et de la nuit de samedi, de la voiture rouge de Mimich, ils se sont mis à réfléchir différemment, vous comprenez ?

— Oui, c'est logique. Il est vrai que nous sommes passés du dimanche matin à la nuit de samedi.

— Pourquoi ? Avez-vous obtenu des éléments nouveaux ?

— Pas encore, mais ça vient de se préciser… Quelques points encore à vérifier. Pour l'instant, vous pouvez mettre vos gars en *stand by* sur cette affaire, la fin est proche.

Phil se mordit la lèvre. Comment n'y avait-il pas pensé plus tôt ? La révélation se diluait dans la conscience du policier telle une nappe de lumière qui venait éclairer leur enquête. Sans même échanger avec François, d'un simple regard, il comprit qu'une nouvelle fois ils étaient sur la même longueur d'ondes. Ils échangèrent encore quelques instants avec l'adjudant, sans obtenir d'informations nouvelles. Mais, autant pour Phil que François, les choses apparaissaient au grand jour.

En quittant la brigade, ils appelèrent leur patron et

demandèrent une perquisition chez madame Le Brizac et chez Pierre Le Duruff et leur arrestation pour le lendemain matin. La police technique et scientifique devrait aussi faire partie du voyage chez l'un et l'autre : effectuer les prélèvements ADN des deux personnes et les recouper avec tout ce qu'elle possédait dans les prélèvements effectués dans la maison, la voiture et le bateau de Castellin. Le doute n'était plus permis. Phil serra les poings. Il était certain, à présent, que les choses s'étaient organisées comme il le pensait. Lentement, la vérité venait de prendre corps. Avec François, ils se dirent qu'ils allaient enfoncer chaque point au nom de leur enquête et de l'honneur des personnes qui avaient pu se sentir bafouées par leurs interrogatoires.

Ils décidèrent malgré tout de se rendre au quai où le bateau restait amarré. Pour eux, cette visite s'avérait dorénavant inutile, mais ils étaient tout près et agirent par acquit de conscience. Ils savaient avec certitude que le meurtre ne s'était pas passé là-bas.

La chaleur lourde redoublait. Tout était sec, mort, poudreux dans les champs, comme enveloppé d'un souffle mortel. En franchissant le pont de la route de Spézet qui enjambe le canal, ils vinrent se garer à hauteur de la table de pique-nique. Ils jetèrent un regard en direction du bateau puis marchèrent le long du chemin de halage pour se diriger vers la maison de Marie-Jo. Elle arrivait justement avec son petit chien. Elle semblait traîner un chagrin que rien ne pouvait apaiser, la rage au cœur, hébétée de douleur, le long de l'eau alanguie sous un soleil d'enfer.

François s'arrêta pour la regarder venir à eux. Phil s'immobilisa à son tour. En les voyant, elle répéta plusieurs fois, sur un ton plein de tristesse :

— J'y pense tout le temps… j'y pense tout le temps… Peut-on commettre un meurtre ici, en plein jour ? Je ne peux pas y croire…

— L'affaire vient de prendre un tour nouveau, nous avançons.

— C'est toujours ce que vous dites dans la police. Mais ce n'est que pour nous rassurer.

— Sachez que, si nous n'avions rien trouvé pour l'instant, ce n'était pas faute d'avoir mobilisé d'incontestables moyens, Madame : pompiers, gendarmes, policiers… D'innombrables informations ont été recueillies et analysées. Le suivi de plusieurs pistes s'est révélé précieux et déterminant et, dans les jours qui viennent, la vérité se révélera, je vous l'assure, lui souffla François, peiné de la voir ainsi, perdue dans ses pensées.

Par moments, son regard pénétrait en eux, comme si elle eût aimé ajouter un message que nul mot ne pouvait exprimer, mais il s'emplissait de larmes le temps d'un instant.

Ils marchèrent jusqu'à chez elle en prenant le petit sentier vicinal qui menait du chemin de halage à son domicile plutôt que de faire le tour par la grande route goudronnée.

Les lieux ne présentaient plus d'intérêt. Avant de quitter Marie-Jo, celle-ci interpella François :

— Dites-moi. Pourrais-je aller jusqu'à chez lui ?

— Oui, rien ne vous l'interdit. Vous ne pouvez pas rentrer dans la maison, par contre, car les scellés sont posés.

— Je m'en doute. Mais je voudrais faire un tour dans son jardin, y cueillir quelques fruits ou récolter quelques légumes, ce sera comme si c'était encore un peu de lui. J'arroserai aussi un peu car la nature souffre… Il y a un robinet qui donne sur l'arrière et, généralement, il laissait son tuyau d'arrosage branché.

— Rien ne vous y empêche.

— Bien merci. Dans ce cas, j'irai demain matin avant que le soleil ne soit trop haut. Si je vois qu'il y a des choses à faire, j'en profiterai. Je vais demander à mes amis voisins de m'accompagner.

Sans se l'avouer, Marie-Jo redoutait le pire : un meurtre impuni, balayé par les jours qui aideraient chacun à oublier bien plus qu'à se souvenir de lui, ici. Cette idée la minait.

Phil et François rejoignirent leur voiture et prirent la direction du retour. La rencontre avec Marie-Jo avait attristé François, si content, un peu plus tôt d'avancer dans leur enquête. En soupirant, il confia à Phil :

— Tu vois, elle me faisait de la peine… Nous sommes passés par différentes opinions à son sujet :

innocente, coupable puis à nouveau innocente, mais, cette fois, nous sommes sûrs.

— Oui, elle est vraiment secouée. Pour l'instant, nous avons découvert les coupables et le lieu présumé du meurtre, restent la manière et l'endroit où le corps a été caché. Mais, cette fois, la mère Le Brizac et le père Le Duruff vont devoir cracher le morceau !

En arrivant à leur bureau, Yann Le Godarec les appela. La police technique et scientifique venait de confirmer que les appels des cabines téléphoniques publiques reçus par madame Le Brizac provenaient de Pierre Le Duruff et inversement. Par contre, pas de conversation, simplement des communications brèves contenant un message précis plus ou moins codé : un lieu de rencontre fixé, une information brève… etc… La police de Rennes apportait aussi confirmation de la présence de madame Le Brizac au club de bridge et au voyage. Pas la moindre trace de personne qu'il avait fallu remplacer à la dernière minute, au contraire, madame Le Brizac s'était inscrite depuis plus de quinze jours.

La coupe était pleine, il fallait sonner l'hallali…

XIX

Mercredi 13 août - matin.

Les journaux ne parlaient que de canicule, à se demander si c'était la faute du gouvernement s'il faisait si chaud ! Le Directeur Général de la Santé se retrouvait de fait sur la sellette. Il fallait toujours un fusible car chacun sait que les hommes politiques n'aiment pas perdre leur siège confortable. Pour protéger le poste de Ministre de la Santé, il devenait urgent de trouver un lampiste ! Une fois de plus, les politiques venaient de perdre une occasion de redorer leur blason. Seuls, quelques hommes, ici ou là, tenaient le langage de la vérité, Kouchner par exemple, mais dominait encore la politique politicienne, de droite ou de gauche... d'autant que le nombre de victimes de la canicule s'accroissait chaque jour : de plusieurs centaines, on en était passé déjà à plusieurs milliers.

Le matin même, la police devait interpeller madame Le Brizac à son domicile, avant son départ au travail. Une perquisition très fouillée s'engagerait au même moment. La police technique et scientifique se chargerait d'effectuer le prélèvement de salive afin de procéder aux analyses ADN.

La gendarmerie devait déclencher le même scénario simultanément chez Pierre Le Duruff. Les deux suspects seraient à Quimper vers quatorze heures.

Phil et François trépignaient d'impatience, ayant hâte d'en découdre à nouveau avec Pierre Le Duruff. Nul doute qu'il ne les prendrait de si haut. Le compte à rebours venait de se déclencher. La vérité allait éclater. L'un ou l'autre finirait bien par dire ce qu'ils avaient fait du cadavre. Au vu des éléments en leur possession, le doute n'était plus permis. Castellin devait être bien mort et certainement dès le samedi…

Ils se remémorèrent le cours de l'enquête. Les preuves irréfutables de la responsabilité des deux suspects ne manquaient pas. En fin de journée ou, au plus tard le lendemain matin, après une garde à vue exténuante, le procureur accepterait la mise en examen au motif de culpabilité de meurtre sur la personne de Jean-Baptiste Castellin.

Curieusement Phil se souvint soudain du premier contact avec le pêcheur, de ses commentaires précipités et de ce qui était encore, pour lui, une enquête improbable.

Ils tournaient tous les deux en rond dans leur bureau, effectuant quelques allers-retours chez le patron. Les interpellations s'étaient déroulées, en douceur, le matin, une carte avait été découverte et saisie chez Pierre Le Duruff. Une croix figurait sur le lieu où la voiture avait été garée près du pont, sur la route de Spézet. La police technique et scientifique détenait des scellés qui, une fois analysés, ne manqueraient pas de compromettre définitivement les deux personnes. Il ne resterait ensuite qu'à déterminer le degré de responsabilité de chacun dans ce meurtre sordide.

Un peu avant midi, le téléphone de François sonna. Il fit un bond. Phil se rapprocha aussitôt. La voix semblait angoissée, c'était celle d'une personne d'un certain âge au fort accent breton du centre-Bretagne.

— Monsieur de la police ?

— Oui, capitaine François Le Duigou à l'appareil. François déclencha le haut-parleur et l'enregistrement de la conversation.

— Venez vite, venez vite… Oh mon Dieu, ce n'est pas possible, c'est terrible…

— Qui êtes-vous, Madame ?

— Célestine Le Meur… Oh, mon Dieu, c'est épouvantable !

— Calmez-vous, Madame, et expliquez-moi qui vous êtes, où vous vous trouvez et ce qui s'est passé. Prenez votre temps, je vous écoute…

— Je suis la voisine de Marie-Jo… Oh, mon Dieu ! La femme se mit à pleurer… Entre deux crises de larmes, elle tenta d'expliquer. Mon mari est avec elle, dans la voiture au bord de la route. Je suis toujours dans le jardin de son ami Jean-Bat, c'est terrible !

— Qu'est-ce qui est terrible, Madame ?

— Nous étions dans le jardin, devant la maison. Nous versions des seaux d'eau au pied des plants cependant que Jedï, le petit chien de Marie-Jo, est allé à l'arrière, dans le potager. C'est incroyable. Il hurlait à la mort. Il a gratté comme un fou sous la planche de l'endroit réservé au compost, au moins pendant une heure, car nous étions devant la maison, nous ne le surveillions pas. Nous avions beau l'appeler, il ne revenait pas. Je suis allée voir… Oh, mon Dieu ! Elle se remit à pleurer. Le chien a réussi à creuser un trou important et à dégager un bout de plastique, j'ai soulevé pour voir… j'ai vu une main. Elle pleurait très fort, cette fois effondrée.

Phil fonça aussitôt chez le patron pour déclencher tous les moyens pour se rendre chez Castellin. Il ne faisait aucun doute qu'il devait s'agir de lui… François tenta de calmer la femme. Son mari avait eu le réflexe d'emmener Marie-Jo dans la voiture pour qu'elle ne voie rien. Le petit caniche blanc était noir de terre. Elle téléphonait du portable de Marie-Jo qui lui avait aussi donné la carte de visite de François. Il lui demanda de ne pas bouger, de ne rien toucher, de retenir le chien dans la voiture, il arrivait avec pompiers et ambulance et toutes les équipes nécessaires.

Dans la voiture, François et Phil pestaient. Leur colère décuplait, madame Le Brizac et Pierre Le Duruff attendraient leur retour, mais ils n'allaient pas attendre pour rien.

Quand ils arrivèrent devant la maison, Marie-Jo se

trouvait toujours dans la voiture avec son voisin. Son état de choc paraissait évident. Elle ne pleurait pas. François appela aussitôt le service de l'hôpital de Carhaix qui l'avait reçue précédemment. Il eut de la chance d'avoir le médecin de ce service. Le SMUR ne tarderait pas à venir la chercher.

L'équipe des pompiers souleva le carré de bois qui délimitait le coin à compost, une sorte d'enclos en planches de deux mètres sur un mètre environ, sur une hauteur de soixante centimètres. Il était simplement posé sur la terre et les poteaux d'angle à peine enfoncés. Ils enlevèrent ensuite les fanes de pommes de terre, à présent grillées par le soleil, ainsi que des déchets humides de toutes sortes, des tontes de pelouse, avant d'arriver à la terre. Ils durent ensuite dégager une couche de terre de trente à quarante centimètres avant d'arriver à une feuille de plastique, sans doute une bâche de serre récupérée dans le sous-sol de la maison. Le corps se trouvait là, en décomposition avancée… Une odeur pestilentielle se dégagea, une odeur qui vous marque à tout jamais…

La voisine accepta de venir le reconnaître pour éviter à Marie-Jo ce triste spectacle. Les services enveloppèrent le cadavre dans un sac spécialement conçu pour le transport de corps, puis le véhicule quitta les lieux en direction de la morgue de l'hôpital et de sa salle d'autopsie. L'équipe de la police technique et scientifique se mit au travail…

Dans la voiture, au bord de la route, Marie-Jo, déjà

très affaiblie… déclencha une crise de nerfs avec convulsions. Fort heureusement, le véhicule du SMUR apparaissait. Très rapidement le personnel la prit en charge. Une piqûre de calmant, quelques mots d'apaisement et le véhicule repartit avec, à son bord, Marie-Jo, effondrée. Ils remarquèrent alors Le Stéphanois et Mimich qui venaient à pied voir ce qui se passait. François et Phil les reconnurent aussitôt et vinrent au-devant d'eux. La peur se lisait sur leur visage. Ils paraissaient tout à coup plus vieux, plus usés, comme engourdis par tout ce qui venait de se produire dans leur vie jusque-là tranquille, et par cette incertitude qui planait au-dessus de leur tête. Leur visage n'exprimait aucune agressivité pourtant, mais plutôt une certaine compassion.

— Alors ? interrogea Michel Le Page.

— Il était là, dans le jardin… François se tourna alors vers Le Stéphanois. Le révélateur de cette fin tragique s'est déclenché quand vous avez relaté aux gendarmes de Châteauneuf-du-Faou, les allers-retours de madame Le Brizac, les hurlements des chiens dans la nuit de samedi à dimanche… Là, nous avons tout compris. Nous allions déclencher une fouille des lieux après l'interrogatoire de madame Le Brizac et de Pierre Le Duruff, mais le chien de Marie-Jo nous a devancés. Si seulement nous avions su tout cela dès le départ, nous aurions gagné du temps et évité bien des déboires aux uns et aux autres…

Piteusement Le Stéphanois et Mimich baissèrent

la tête. La sueur coulait de leur front et une large auréole s'agrandissait sous leurs aisselles. Même aujourd'hui, le soleil n'avait pas décidé de se mettre en veille.

— Nous pressentons l'ultime conclusion de cette aventure. Vous êtes hors de cause, tout autant que Marie-Jo.

Ils venaient d'encaisser cette information sans bouger mais visiblement elle trouvait des résonances au fond de leur silence.

— Votre voisin Castellin ne vous ennuiera plus…

— Nous n'avons jamais souhaité sa mort, grommela Le Stéphanois.

— Nous le savons… Vous êtes des types bien, ne changez rien… au revoir, Messieurs.

Ils se serrèrent énergiquement la main. On devinait presque une esquisse de sourire, voire de fierté sur le visage des deux hommes. Puis Phil et François tournèrent les talons pour rejoindre leur voiture. Après quelques pas, François se retourna et, à l'attention de Michel Le Page, lança :

— Ah, au fait. Sachez que Marie-Jo, c'est vraiment une chic fille ! Oubliez ce que vous savez !

Cette fois, Mimich sourit franchement.

Le patron appela Phil et François sur le chemin du retour.

Madame Le Brizac et Pierre Le Duruff venaient d'arriver. François rendit compte de la découverte et du déroulement de l'opération. Il en profita pour commander des sandwichs à livrer à leur bureau. Ils voulaient être en forme pour s'occuper des deux individus.

Ils étaient un peu confus de tout ce qui venait de se passer tout au long de cette affaire : leurs certitudes, leurs doutes, la voix de la sagesse et du recul, celle de leur patron… Avaient-ils lieu de se sentir fiers d'eux ? se demandèrent-ils. Ils étaient fatigués et ressentaient à présent une véritable hâte d'en finir avec cette affaire.

XX

Mercredi 13 août, après-midi.

Le sandwich et un café vite avalés, Phil et François se remirent en selle. Le patron avait tenu à être présent au début de l'interrogatoire de Pierre Le Duruff. Un jeune stagiaire de l'École Supérieure de la Police Nationale complétait le groupe. Les visages étaient fermés. Il était convenu de ne pas évoquer la découverte du corps immédiatement mais d'attendre les premiers résultats du médecin légiste. Sauf si Pierre Le Duruff pliait et acceptait de s'expliquer… mais ceci, ils le savaient, ce n'était pas gagné. La garde à vue lui fut signifiée et ses droits rappelés. Il garda le silence un instant. Généralement sûr de lui, l'homme devint nerveux devant cet aréopage. Il regarda par la fenêtre pour se donner le temps de rassembler ses esprits. Il transpirait. Une vague de tristesse le submergea, accompagnée d'une sensation pesante d'appréhension, un sentiment de vide s'empara de lui… Puis Phil ouvrit le bal dans un silence écrasant.

— Nous allons reprendre votre deuxième déposition… que vous nous avez certifiée sur l'honneur sincère. Maintenez-vous ce que vous avez déclaré ? Souhaitez-vous changer encore quelque chose ?

— Je ne sais plus à la fin, vous m'avez tellement embrouillé avec toutes vos questions… votre suspicion sur tout ce que je disais.

— Non, monsieur Le Duruff. Ne repartez pas dans vos circonlocutions douteuses. Nous avons terminé de louvoyer avec vous. Oui ou non, voulez-vous revenir sur vos déclarations ?

Il soupesa soigneusement sa réponse et prit une profonde inspiration avant de la formuler :

— Peut-être y a-t-il un détail ici ou là…

— Oui ou non ?

— Non !

— Bien, nous enregistrons. Reprenons la lecture du procès-verbal, nous nous arrêterons sur les anomalies constatées et prouvées par des rapports de gendarmerie ou de police. Première anomalie, vous nous avez indiqué avoir mangé au buffet de la gare pour attendre l'heure d'ouverture de l'agence de location de voitures, vrai ou faux ?

— Vrai !

— Faux, monsieur Le Duruff. L'agence assure la journée continue et vous n'êtes pas allé déjeuner car vous arriviez tout juste du centre-Finistère.

— Ce n'est pas vrai !

— Contestez-vous le rapport de gendarmerie et l'enquête effectuée par deux personnes assermentées ?

— C'est peut-être un autre jour que je suis allé au buffet de la gare alors…

— Votre réponse ne sera pas notée. Continuons.

L'homme se tassait, s'écrasait sur son siège devant les certitudes qui lui étaient balancées au visage. Il réalisait que, cette fois, le piège se refermait sur lui. Il devait déjà penser à ce qui l'attendait plus loin. Qu'allait-il pouvoir inventer à toute vitesse ? Il tentait de réfléchir mais se trouvait totalement incapable de prévoir ce qu'il pourrait dire.

Il observait les officiers de police qui le regardaient sombrer dans l'eau noire du mensonge. Il perdait progressivement pied. C'était sûr, il allait se noyer, il le sentait déjà… Comment survivre ? Comment sauver ce qu'il pouvait encore sauver ? Comment limiter les conséquences de ses actes ?

— Vous avez prétendu vous être rendu directement à Quimper, maintenez-vous cette déclaration ?

— Je n'sais plus… Je n'sais plus…

— Permettez-moi de m'étonner de votre comportement aujourd'hui, quand on se souvient de votre attitude, la fois dernière. Vous n'avez plus la moindre crédibilité, monsieur Le Duruff… pas la moindre et nous ne sommes pas encore au bout de l'interrogatoire, il ne fait que commencer…

Pierre Le Duruff baissa la tête et regarda le sol.

— En réalité, vous vous êtes rendu directement à l'endroit qui vous a été indiqué par madame Le Brizac.

— Ne mêlez pas madame Le Brizac à cette affaire ! s'écria-t-il, en relevant la tête, le visage hagard et bourrelé d'angoisse. Avait-il envie de pleurer, de crier ? Voulait-il laisser penser qu'il avait agi seul ?

— Nous n'en sommes pas là pour l'instant ! Une carte détaillée du Finistère a été retrouvée à votre domicile, ce matin même, et vous avez coché de votre propre main un lieu précis que vous nous aviez dit l'autre jour ignoré ! Ceci est très grave car votre voiture de location a été vue garée non loin du pont qui enjambe le canal de Nantes à Brest.

— Ce n'est pas vrai ! Faites venir les témoins !

— Arrêtez, monsieur Le Duruff !

— Ce n'est pas vrai, je suis victime d'une manipulation !

— TAISEZ-VOUS ! cria Phil. Il marqua un temps de silence puis reprit plus calmement. Une enquête de voisinage établie par la gendarmerie précise la présence de votre voiture. Puis madame Le Brizac est venue vous chercher aux environs de dix-sept heures, en Scénic blanche, et vous a conduit chez Jean-Baptiste Castellin comme l'atteste le voisin qui vous a vu revenir. Ensuite, vous êtes resté chez monsieur Castellin toute la nuit…

Cette allusion prenait la force d'une préfiguration sinistre. Pierre Le Duruff prenait cette fois en pleine figure toute la charge de ce qui l'attendait. Accablé, il se prit la tête dans les mains, les coudes posés sur les genoux. Il tentait de rester lucide au fond de sa désolation. Il réalisait qu'il devenait impossible de tromper les autres longtemps. La vérité finissait toujours par éclater au grand jour. Comment allait-il survivre, réagir ? Un morne découragement l'envahissait. Que faire ? Que faire ? Que dire ? Il avait la sensation de se retrouver sans défense et vaincu.

— Alors qu'avez-vous fait de la nuit ?

Un silence pesant fut sa seule réponse… Après réflexion, il considéra qu'il ne lui restait qu'une solution, se taire tout simplement.

— Je présume que vous avez oublié. Nous allons donc vous dire ce qui s'est passé. Vous avez tué…

— JE N'L'AI PAS TUÉ ! cria-t-il de toutes ses forces. JE N'L'AI PAS TUÉ ! Il se creusa la cervelle pour tenter de trouver au plus vite une explication à fournir… aucune… aucune. Il n'en trouvait aucune… il éclata en sanglots. CE N'EST PAS MOI !

— Qui l'a tué ?

Silence… Pierre Le Duruff sanglotait… la tête dans les mains, les coudes à nouveau posés sur les genoux.

— Nous y reviendrons plus tard. Vous l'avez ensuite enterré au fond du jardin.

— Il était mort, grommela-t-il entre deux sanglots. Cette ordure ne méritait que ça… Mais ce n'est pas moi qui…

— L'ADN, VOTRE ADN, monsieur Le Duruff… c'est vous ! Tout vous accuse ! Ou alors donnez-nous votre version !

— C'est elle ! Il était mort quand je suis arrivé. C'est vrai, je l'ai enterré au fond du jardin, mais il était mort, je vous le jure… je vous le jure ! supplia-t-il en relevant la tête et regardant Phil… Je vous le jure.

— Expliquez-nous comment vous vous y êtes pris… Faites attention, vous risquez plus ou moins gros, selon que vous soyez simple complice ou meurtrier.

— Quand je suis arrivé, il était mort. Je me suis changé. J'ai mis des gants chirurgicaux que je n'ai jamais quittés… Il livrait des pensées précipitées comme s'il était pressé d'en finir. Je suis allé au fond du jardin. J'ai enlevé le carré de bois. Puis j'ai étalé des bâches sur la terre pour recevoir le compost : fanes de pommes de terre, tontes de pelouses et autres. J'ai creusé la terre à l'emplacement du compost. Quand ça a été assez profond, je suis venu chercher le… le corps à la maison. Il était assis à table. Je l'ai chargé sur mon épaule et je l'ai déposé dans le trou que je venais de creuser. Une haie de cyprès très haute me dissimulait de la vue. Les chiens d'à côté n'arrêtaient pas de hurler… J'ai posé sur le corps une bâche que j'ai trouvée dans la cave. Et j'ai tout remis comme c'était avant. J'ai replié les bâches que j'ai rangées dans la cave à nouveau. J'ai ratissé la terre autour. Je me suis installé dans le canapé et j'ai dormi tant bien que mal jusqu'au matin. J'ai mis sa veste de pêche et sa casquette, celles qu'il mettait toujours quand il

allait faire du bateau. Elle m'avait tout préparé… J'ai
à peu près la même morphologie que lui…

— Elle ? Qui elle ?

— …

— Continuez ! Phil préféra revenir rapidement au
récit.

— J'ai quitté la maison avec sa voiture. Elle savait
que, de loin, on m'aurait pris pour lui. Je me suis rendu au bateau. Puis je suis venu jusqu'au quai. Au dernier moment, je me suis assuré que personne ne me
regardait. J'ai laissé glisser la veste puis la casquette
dans l'eau. Je suis venu à ma voiture. J'ai fait demi-
tour pour repartir vers la route de Carhaix et donc
ensuite de Rennes. Il parlait cette fois d'une voix apai-
sée, soulagé de dire ce qu'il avait vécu et qui devait
l'obséder…

— Mais comment avez-vous pu faire tout ceci avec
autant de précision ?

— Nous étions venus deux semaines avant pour
que je sache où je devais me rendre et ce que je devais
faire exactement. Nous sommes allés ensuite visiter
Quimper afin que je puisse avoir des repères à fournir. Car elle… elle savait qu'elle devait venir prochainement le rencontrer pour lui faire signer un
mandat de vente.

— Comme il devait être plus de onze heures et
demie, vous aviez juste le temps de revenir à l'agence vers quatorze heures, en fonction de la circulation…

— Oui, c'est exact.

La préméditation ne faisait plus de doute, le dossier devenait lourd, très lourd… Il restait à obtenir la déclaration de madame Le Brizac. Serait-elle bien différente ? Se chargeraient-ils mutuellement pour limiter leur condamnation ? Ceci se produisait bien souvent. Phil marqua un temps de silence. Il régnait dans la pièce, une atmosphère trouble, un mélange d'espoir et de désespoir, d'impatience et d'épuisement.

Pierre Le Duruff portait une lueur d'intense folie dans le regard. Il semblait ravagé de l'intérieur, dévoré par le tourment. Dehors, le ciel flambait plus que jamais. Avait-il des remords ? C'était un curieux moment. Yann Le Godarec parla le premier :

— Bon… Je vais avertir le procureur pour une présentation au juge et une mise en examen. Il se leva et quitta la pièce.

Phil et François décidèrent de poursuivre l'entretien et d'examiner les mobiles.

— Pourquoi avez-vous participé à ce meurtre ?

— Je ne l'ai pas tué !

— D'accord, retenons cette hypothèse pour l'instant. Vous êtes néanmoins complice. Pourquoi ?

— C'était son idée. Elle voulait avoir de l'argent… elle est très dépensière. J'ai accepté de l'aider car son ex-mari m'avait fait trop souffrir. C'était un ignoble individu. S'il n'a tué personne, il a cassé des tas de gens, bousillé des familles. Pour moi et pour eux, je voulais bien participer à la disparition de son corps. Elle le savait et s'en servait pour me pousser à l'aider. Mais c'est tout. Nous avions pensé le jeter, fortement lesté, dans l'une des anciennes ardoisières inondées, mais je trouvais cela trop risqué et je ne voulais pas…

— Pourquoi aussi cette mise en scène et votre rôle le dimanche matin ?

— Elle voulait que les soupçons se portent sur les voisins et surtout sur l'amie de…

— Sur Marie-Jo, c'est ça ?

— Oui, car elle avait appris par un ami de la banque que son ex-époux avait changé le bénéficiaire de l'assurance-vie. Elle se disait que ceci était de nature à confondre cette personne, d'autant que son passé douteux…

— Il y avait eu une fuite, si je comprends bien, dans ce monde bancaire couvert par la confidentialité ?

— Elle a beaucoup de persuasion et beaucoup de relations. Elle sait y faire…

— Oui, c'est aussi ce que je pense…

— Dès lors, elle a voulu accélérer les choses. Il fallait faire vite avant qu'il ne change aussi les documents concernant le bien immobilier chez le notaire.

— Mais vous, dans cette affaire, qu'est-ce que vous y gagniez ?

— Rien. Si, avec le temps, ma colère s'était partiellement estompée, j'éprouvais toujours le besoin de pouvoir lui faire payer un jour ses abominations, afin de dormir correctement la nuit, pour le reste de mes jours. J'assouvissais ma vengeance et celle de tous les collègues victimes de cet individu. Ça me suffisait et, sur ce plan, je ne regrette rien. De le savoir mort me soulage et soulagera bien des personnes, je pense à des collègues comme Jacques Derennes et des dizaines d'autres…

— Vous savez ce que vous risquez à présent ?

— Ça m'est égal. Il est de toute façon trop tard pour revenir en arrière, ce qui est fait est fait…

Ses dernières paroles ravivèrent sans doute des souvenirs malheureux. Le chagrin le submergeait totalement. Il rentrait de plus en plus la tête dans les épaules. Il ne voulait plus lutter… Il restait ainsi, là, sans bouger, une expression impénétrable sur le visage. Un regard étrange passa dans ses yeux. Maintenant, il voyait les choses différemment et semblait prêt à les accepter.

Le procès-verbal fut édité. Il signa machinalement comme s'il s'agissait d'un papier sans importance. Deux gardiens de la paix vinrent chercher Pierre Le Duruff pour le conduire dans une autre pièce.

Il restait à interroger madame Le Brizac et la boucle serait bouclée…

XXI

Mercredi 13 août, fin de soirée.

Avant d'aborder l'interrogatoire de madame Le Brizac, Phil et François firent un dernier point avec leur patron.

Juste à ce moment le légiste appela. Il fut clair et bref.

— Somnifères à dose importante… vraisemblablement dans un alcool fort, du whisky. Puis, par intraveineuse, une injection bien trop importante de digitaline…

— De quoi ?

— De digitaline, c'est un principe actif extrait de la digitale, utilisé pour les personnes qui souffrent de problèmes cardiaques. Le médecin le prescrit généralement à très faible dose. Ici, la personne a injecté une dose de cheval, mortelle à tous les coups, le cœur n'a pas tenu, mais il n'a pas souffert, il ne s'est pas réveillé.

— Très bien, merci. Cette fois, il ne manque rien au puzzle, dit-il au médecin légiste en raccrochant et en se tournant vers les deux officiers de police.

— Venez-vous avec nous pour l'interrogatoire ? demanda Phil.

— Non, ça suffit, nous en savons assez. J'avertis le procureur, pour la suite…

— Très bien.

Ils se levèrent tous les deux et se dirigèrent vers leur bureau pour affronter madame Le Brizac. Elle ne devait encore rien savoir de ce qui l'attendait. Mais nul doute que la chute serait rapide au vu des éléments détenus.

Le bleu parfait du ciel illuminait le bureau. Un mouchoir en papier à la main qu'elle triturait énergiquement, madame Le Brizac supportait mal la chaleur des locaux. Elle s'épongeait délicatement les tempes de temps à autre. François la regardait et se demandait quel monstre se cachait derrière ce visage fermé. Il cherchait chez elle ce qu'il y avait d'essentiel ou de singulier. Il pensait à cette solitude qui la guettait. Ils restaient ainsi l'un en face de l'autre, dans un silence lourd sachant que, pour elle, cet instant était l'un des plus graves de sa vie. Phil, cette fois, se mit en retrait. Devinait-elle les pensées de François ? Fièrement, elle releva le menton, poussée par son orgueil, même si ses yeux dissimulaient mal une certaine angoisse. François se dit que, dans le meurtre, le plus difficile n'est pas de tuer, mais de ne pas déchoir ensuite… Avait-elle éprouvé cette fascination de la mort ? Cette petite période d'observation passée, François engagea l'interrogatoire :

LANTERNE ROUGE À CHÂTEAUNEUF-DU-FAOU

— Madame, vous êtes ici en garde à vue. De cet interrogatoire, vous sortirez libre ou vous serez mise en examen. Je vous demande de décliner votre état civil.

D'une voix monocorde mais ferme, elle déversa les renseignements demandés. L'heure de l'angoisse approchait.

— Bien, nous allons reprendre la lecture de votre précédent procès-verbal. À quelle heure êtes-vous arrivée chez monsieur Castellin ?

— Je vous l'ai dit : en fin de matinée, vers onze heures trente.

— Qu'avez-vous fait ?

— Je lui ai présenté le mandat de vente du bien immobilier de Rennes. Il l'a examiné puis l'a paraphé et signé.

— Avait-il fait un commentaire sur ce choix de vente ?

— Non, aucun. Nous étions convenus de ce choix par téléphone.

— Ensuite, avez-vous quitté les lieux ?

— Non, pas du tout. Il m'a proposé de prendre l'apéritif et de déjeuner avec lui avant de reprendre la route. J'ai accepté.

— Qu'avez-vous pris comme apéritif ?

— Lui un whisky sec comme d'habitude et moi, un muscat. Puis il réchauffé le repas qu'il avait acheté chez le traiteur et nous avons déjeuné tranquillement parlant de choses et d'autres.

233

— Quelle heure était-il lorsque vous avez quitté les lieux ?

— Un peu plus de dix-sept heures.

— Curieux, vous nous aviez parlé d'un départ entre seize heures et dix-sept heures la première fois…

— Quelle importance… disons après dix-sept heures car je suis arrivée assez tôt à mon domicile pour me rendre ensuite…

— À un tournoi de bridge, oui nous savons, ce qui était exact, nous avons vérifié…

— J'espère que vous ne doutiez pas de ce que je vous disais.

— À ce moment-là, non, aujourd'hui si ! Ce qui nous importe aujourd'hui, n'est pas ce que vous avez pu faire le soir ou le lendemain mais durant la journée de samedi.

— Je vous l'ai dit et je viens de vous le redire.

— Non, Madame, vous ne nous avez pas dit la vérité.

— Mais enfin, que cherchez-vous ? La disparition de mon ex-époux date de la fin de matinée de dimanche !

— C'est en effet la version que vous avez voulu faire croire !

— Comment ça « faire croire » ? Je n'aime pas du tout vos sous-entendus, je connais très bien le directeur départemental de la police de Rennes ainsi que le procureur…

— Je ne vois pas en quoi ceci changerait les informations que nous détenons sur vous et vos agissements !

— Je ne vous permets pas !

Elle lança un regard de haine et de révolte à François, mais réalisa, au même moment, que l'officier de police serait inébranlable. La partie était-elle perdue pour elle ? Non ! En dehors du bridge, elle était une fervente joueuse de poker, la partie n'était pas perdue. Elle se dit qu'ils bluffaient en face d'elle.

François posa sur elle un regard pénétrant. Il faisait de plus en plus chaud. Un court silence s'ensuivit, puis les questions recommencèrent. Le moment crucial approchait.

— Revenons à l'apéritif. Est-ce à ce moment que vous avez versé du somnifère dans le verre de monsieur Castellin ?

Le choc fut violent. Alors la voix de madame Le Brizac se cassa. Elle tenta de réagir mais l'émotion l'envahissait. Les yeux brillants de larmes, elle releva la tête une nouvelle fois, refusant le cauchemar dans lequel elle s'enfonçait inexorablement et se maîtrisant au maximum.

— C'est une injure à ma personne, Monsieur ! Votre attitude est scandaleuse, j'en aviserai…

— Personne ! Vous n'aviserez personne, Madame, tant que vous ne nous aurez pas expliqué le stratagème que vous avez utilisé pour éliminer votre ex-époux…

Le couperet était tombé. Elle était devenue pâle. Elle réalisait que, cette fois, c'en était fini. Elle vivait le moment le plus noir de sa vie. Désorientée, une certitude lui nouait déjà l'estomac. Cette fois, François se dévoila et bluffa à son tour.

— Le médecin légiste est formel, Madame. Les somnifères ont produit leur effet vers treize heures. Votre injection mortelle a été fatale dans l'après-midi.

— Ce n'est pas moi, je n'ai rien fait...

— Ah ? Et qui alors, selon vous ? Monsieur Pierre Le Duruff que vous avez embarqué dans votre expédition meurtrière est arrivé bien après le décès, alors ?

Elle s'effondra brutalement en larmes. Le château de cartes s'écroulait d'un seul coup. Elle venait de réaliser qu'elle avait perdu la partie et ceci en quelques minutes. KO au premier round. Comment était-ce possible ? Comment avait-elle pu être bloquée aussi rapidement ? Elle n'avait même pas eu le temps de se défendre que la vérité lui explosait au visage, son meurtre horrible, sa froide détermination.

— Comment vous êtes-vous procuré les somnifères ?

— Je me suis occupée de ma mère pendant de nombreuses années. Le médecin lui en prescrivait régulièrement...

— Et la digitaline ?

— Maman souffrait du cœur et, quand elle n'allait pas bien, je devais lui injecter ce médicament à faible dose...

— Vous saviez aussi, qu'à forte dose, ce médicament était mortel !

Elle encaissa le choc, mais visiblement avait jeté l'éponge. Au vu de leur premier entretien, François s'attendait à ce qu'elle se batte plus vivement et jusqu'au bout. La découverte du corps et des raisons du décès ne lui permettaient plus de se défendre. Son regard s'était brouillé. Les larmes qu'elle retenait désespérément lui brûlaient les yeux comme de l'acide. François reprit calmement le déroulement de ce samedi tragique.

— Quand vous avez constaté le décès de monsieur Castellin, vous avez attendu l'appel téléphonique de Pierre Le Duruff vous annonçant son arrivée à l'endroit convenu. Vous êtes allée le chercher pour le ramener chez monsieur Castellin, la suite nous la connaissons.

— C'était une ordure… c'était une ordure, un lâche et un criminel à sa façon…

— Sauf qu'il n'a tué personne, ce qui n'est pas votre cas, Madame !

— Ce qu'il a fait était pire !

— Mais pourquoi l'avoir tué ?

— J'ai… j'ai perdu au jeu, je dois beaucoup d'argent un peu partout, je suis ruinée… J'avais besoin de cet argent, besoin, vous comprenez ? Le rideau venait de tomber.

François recueillit les aveux de madame Le Brizac. Il lui fit signer les documents, puis avertit son patron.

Le stratagème avait failli fonctionner… C'était astucieux d'éliminer la victime le samedi et de faire croire qu'elle vivait encore le dimanche matin en substituant à Castellin un homme de même morphologie et de même taille, ce qui de loin, pouvait prêter à méprise. Astucieux aussi, de diriger les doutes vers Marie-Jo et les deux voisins…

Mais trop d'éléments ne collaient pas au final. Les allers-retours de madame Le Brizac, seule à son départ de chez monsieur Castellin, puis accompagnée et à nouveau seule, démontraient qu'il restait une personne de trop à la maison. Rompre le rituel du café avant le départ, au bar du quai, pouvait sembler louche, de même que ne pas avertir Marie-Jo de son arrivée à l'approche de sa destination. Les chiens n'avaient rien retrouvé à la sortie du bateau, ni même auprès de la voiture… Le taxi, la location de voiture, les appels téléphoniques à partir d'une cabine publique montraient bien qu'il y avait quelque chose à cacher… Autant de détails qui ne pouvaient que permettre à un moment donné de confondre les meurtriers.

L'affaire Castellin venait de connaître son issue.

ÉPILOGUE

Lundi 18 août.

La mise en examen de madame Le Brizac et de Pierre Le Duruff passa discrètement dans la presse. Écroués à la maison d'arrêt, ils avaient tout leur temps pour méditer. Madame Le Brizac dont le mobile essentiel restait la cupidité éprouverait quelques difficultés à honorer les dettes de jeu qu'elle avait contractées sur Rennes… Un vice n'apporte jamais la vertu. Finies aussi, les dépenses extravagantes…

La canicule continuait ses ravages et de nouveaux problèmes apparaissaient, dont celui de l'inhumation des victimes, difficulté jamais rencontrée dans notre pays.

Le fusible de la Santé venait de donner sa démission, protégeant son ministre tandis qu'une querelle de chiffres battait son plein : combien de milliers de décès dûs à cette chaleur estivale allait-on dénombrer ?

Phil, François et Yann Le Godarec récapitulaient les éléments de la mystérieuse disparition alias "affaire Castellin". Il n'était pas coutume de revenir sur les détours de l'enquête, mais chacun devait s'enrichir de l'expérience acquise pour améliorer encore son efficacité dans le futur.

Après le week-end de quatre jours du 15 août, une seule chose comptait, la prochaine affaire !

FIN

Quadri Signe - Editions Alain Bargain
125, Vieille Route de Rosporden - 29000 Quimper
E-mail : editions.alain.bargain@wanadoo.fr
Site Internet : perso.wanadoo.fr/editions.bargain

Dépôt légal n°6 - 4ᵉ trimestre 2003
4ᵉ tirage - Dépôt légal n° 3 - 3ᵉ trimestre 2008
ISBN 978-2-914532-32-7 — ISSN 1281-7813
N° d'impression : 806139
Imprimé en France